# NOCHES DE CHAMPIONS

## HISTORIAS DEL TORNEO MÁS PRESTIGIOSO DEL MUNDO

AGUSTÍN RODRÍGUEZ WEIL

Noches de Champions / Agustín Rodríguez Weil. - 1a ed. - LIBROFUTBOL.com, 2021.
202 páginas; 15,2 x 22,9 cm.

ISBN 978-987-3979-46-0

1. Fútbol. I. Título.
CDD 796.334

**NOCHES DE CHAMPIONS**
de Agustín Rodríguez Weil



Diseño de cubierta: Luciano Medvetkin
Maquetación: Luciano Medvetkin
Foto del autor: © Agustín Rodríguez Weil

LIBROFUTBOL.com
Olga Cossettini 1112 - oficina 8F - Ciudad de Buenos Aires - Argentina
ediciones@librofutbol.com - whatsapp +54 9 11 2215 1982

1ª edición: abril 2020
2ᵈᵃedición: marzo 2021



ISBN 978-987-3979-46-0

# ÍNDICE

# Copa de Europa 1955-59: Lustro blanco

Pese a acusar más de 30 millones de bajas, Europa pudo cicatrizar los embates del conflicto bélico más dañino del siglo XX. El que debía ser el siglo de la paz no lo fue, pero la posguerra entregó aires de cambios en un continente que pudo reponerse con las bondades del Plan Marshall. La vida se había impuesto, y entre las indulgencias que habían triunfado en la lucha por el control de la humanidad, el fútbol se consagraba.

El deporte rey había estado presente en las pugnas ideológicas, en las trincheras e incluso en los campos de concentración. Se consolidó como una de las vías de escape por excelencia, y cuando acabó el conflicto, se volvió en un fenómeno social sin precedentes. El balón había rodado con fuerza y en todos los rincones, constituyéndose como el principal entretenimiento de Inglaterra, España, Francia y otros países del bloque occidental, así como en un arma política del otro lado de la Cortina de Hierro. La lucha ideológica estaba latente, y el balompié presentaba un papel preponderante, un lenguaje común y un mensaje al mundo.

Cuando la Copa de Europa dijo presente en el concierto internacional, el Viejo Continente encontró a un dominador absoluto, el Real Madrid, club que organizó una plantilla

envidiable conformada por varios de los mejores jugadores del mundo para obtener todos los títulos de la década.

Con Alfredo Di Stéfano como santo y seña, Rial, Gento, Joseíto y Marsal completaron una delantera envidiable que arropó a todos sus rivales con el dibujo táctico 3-2-5, que enamoró a todos y que entronizó al equipo de la capital española como el máximo exponente del balompié europeo.

Solo los blancos triunfaron, pero para el recuerdo no puede dilapidarse el accionar de un Stade de Reims que no pudo consagrarse en dos intentos o las incursiones de los clubes italianos, que tendrían que esperar unos años para reinar. La tragedia de Múnich, que sacudió los cimientos del Manchester United, también tuvo un papel importante: terminó de desembocar en la construcción de un club legendario que daría mucho de hablar pocos años más tarde.

## ¿CÓMO NACIÓ LA COPA DE EUROPA?

El origen de la Copa de Europa se remonta a la primavera de 1955, cuando en un hotel de París, Gabriel Hanot, director del rotativo *L'Équipe;* Santiago Bernabéu, presidente del Real Madrid, y Raimundo Saporta, directivo que hizo las veces de traductor, entablaron una reunión para darle forma al torneo que eclipsaría el continente por décadas.

La competencia buscaba reemplazar a las dos grandes competencias internacionales del momento, la Copa Latina y la Copa Mitropa. Sin embargo, hubo un evento que sacudió el panorama. El último paso fuerte ocurrió con una exhibición que englobó a un club inglés: el Wolverhampton. Se dice que el conjunto británico tenía argumentos para destruir a cualquier rival continental y, en su condición de mejor equipo de Inglaterra, país fundador del fútbol, se le concedió el derecho de encarar a un rival de prestigio del otro lado de Europa.

El club aceptó la invitación de disputar un juego contra el Hónved húngaro, base de la todopoderosa selección de Hungría. Los magiares lucían superiores, pero los Wolves aprovecharon el fuerte invierno británico, regaron el césped con alevosía e hicieron imposible el juego de su contendor. El resultado fue claro, Wolverhampton ganó y fue catalogado como Rey de Europa. El periodista Hanot, que había visto el espectáculo, no aceptó que se nombrara como tal al equipo vencedor sin haber hecho un torneo organizado con distintos clubes. Valorando este concepto, y visualizando los éxitos de las otras competiciones, inició sus escritos para fomentar un certamen real que uniera a los mejores equipos del continente. *L'Équipe* apoyó la moción y empezó a contactarse con dirigentes de fútbol europeo para lograr su cometido.

El apoyo de Santiago Bernabéu sirvió de empujón y, ante esto, Anderlecht de Bélgica se sumó a la causa solicitando que los duelos se jugaran a mitad de semana para no interrumpir las fechas del torneo local de los fines de semana. Con esto, UEFA, que se había formado poco tiempo antes, aprobó la iniciativa. El balón estaba rodando en Europa. Había nacido el certamen de clubes más importante de todos los tiempos.

## ANTECEDENTES

La idea de los *torneos* continentales no fue una innovación que se dio con la Copa de Europa, sino que tuvo intentos previos que ya encandilaban al continente, aunque sin la unidad de todos los clubes. Luego de que la Challenge Cup enfrentara a los clubes del Imperio austrohúngaro entre 1897 y 1911, apareció la Copa Mitropa, que englobó a clubes de Europa Central. Equipos de Yugoslavia, Austria, Suiza, Rumania, Italia y Checoslovaquia se midieron reiteradamente hasta que en 1940 estalló la II Guerra Mundial. Tras el conflicto, el torneo se reanudó, pero sin la relevancia del pasado.

En paralelo, apareció la Copa Latina. Los campeones de Francia, España, Portugal e Italia -los transalpinos participaron de manera permanente, a diferencia de la Mitropa, en la que estuvieron por momentos- se debatían por el dominio del resto del continente. La competición se disputaba en una sede, casa de uno de los cuatro participantes, y se realizó hasta 1957, cuando la Copa de Europa apareció en el panorama.

Barcelona, AC Milan, Real Madrid, Benfica y Stade de Reims fueron los clubes que levantaron el cetro entre 1949 y 1957, mientras que la Copa Mitropa tuvo en el Vasas Budapest, Bologna, Sparta Praga y Ferencvaros a sus principales exponentes.

## LOS PRIMEROS INVITADOS

Los participantes para la primera edición de la Copa de Europa se determinaron a través de una comisión especializada. Fueron 16 clubes invitados que inauguraron la competencia, y ya para la segunda edición, estarían los campeones de cada país. Estos primeros clubes fueron Chelsea (Inglaterra), Djurgardens (Suecia), Real Madrid (España), Servette (Suiza), AC Milan (Italia), Saarbrucken (RFA), Roth Weiss Essen (RDA), Hibernians (Escocia), Vörös Lobogó (Hungría), Anderlecht (Bélgica), Stade de Reims (Francia), Copenhague (Dinamarca), Rapid de Viena (Austria), Holland Sport (Países Bajos), Partizán de Belgrado (Yugoslavia) y Sporting de Lisboa (Portugal).

## LA PRIMERA ROJA

El inicio de la Copa de Europa no escondió episodios grises entre la espectacularidad de una competición que buscaba encandilar al Viejo Continente, entre ellos, la rudeza del luso José Galaz, rocoso protagonista en la primera eliminatoria entre Partizán de Belgrado y Sporting Lisboa.

Tras el 3-3 del partido de ida en Lisboa -disputado el 4 de septiembre de 1955-, ambos equipos se encontraron en Belgrado para solventar la llave. Sin embargo, la paridad esperada se rompió luego de que Galaz entrara con fuerza sobre un jugador yugoslavo y recibiera la primera cartulina roja en la historia del torneo. El duelo finalizó con un triunfo por 5-2 de los balcánicos que sentenció la llave, pero el jugador entró a la historia al recibir la primera sanción de esta naturaleza en la competición.

## DOS SAETAS

Es cierto que cuando se hace referencia a la Saeta Rubia, se suele pensar en Alfredo Di Stéfano. Sin embargo, en su honor, existió otra: Milos Milutinovic, un jugador que entró a la historia de la competición. El ariete yugoslavo fue la referencia ofensiva de Partizán de Belgrado que disputó la primera Copa de Europa: hizo el primer doblete en la historia de la competición y fue el máximo anotador de la edición inaugural.

El 4 de septiembre de 1955, Partizán y Sporting Lisboa disputaron el primer partido de la competición ante 30.000 personas. Martins hizo el tanto inaugural, pero Milutinovic apareció en dos ocasiones en una fiesta de goles que finalizó con empate 3-3. La figura yugoslava era la esperanza para encarar al Real Madrid, pero en esta ocasión se difuminó el sueño. Las dos Saetas estuvieron frente a frente, pero el del Madrid fue mejor en el aspecto global, aunque no necesariamente se impuso en el duelo particular. El cotejo de ida, en España, quedó 4-0, con un gol del hispano-argentino. Sin embargo, en el duelo de vuelta, Partizán ganó por 3-0, con dos tantos de la saeta balcánica y le dio suspenso a la situación. Al final del torneo, el club merengue se consagraría campeón.

Milos entró a la historia de la competición por ser el primer goleador, con ocho tantos. Su hermano Bora ganó un nombre más importante en la historia del fútbol: dirigió a

cinco selecciones distintas en cinco ediciones diferentes de la Copa del Mundo.

## TRES GOLES DE PALOTÁS

El talento de los futbolistas húngaros de los años 50 tuvo momentos dorados en la Copa de Europa. Si bien los clubes magiares no consiguieron despuntar en el torneo, como sí lo hicieron en la Copa Mitropa, Péter Palotás dejó su legado en sus escasas participaciones.

El jugador fue campeón de la Copa Mitropa con el MTK, equipo que tras ser tomado por la policía secreta comunista, cambió de nombre en numerosas ocasiones. Entre dichas denominaciones, destacó Vörös Lobogó, club que participó en la primera edición de la Copa de Europa. Y ahí Péter tuvo un rol preponderante: el 7 de septiembre de 1955, convirtió el primer *hat-trick* de la historia de la competición, contra Anderlecht. En el partido de vuelta anotó uno para el éxito por 4-1 y en la siguiente ronda, marcó dos goles contra el Stade de Reims, para llegar a la cifra de seis tantos en la edición.

Palotás había inscrito su nombre como campeón en la Copa Mitropa y como primer futbolista en hacer tres dianas en un mismo partido de la competición reemplazante, pero su talento no pudo tener la continuidad deseada. Poco tiempo después sus problemas cardíacos le llevaron al retiro y a la muerte, la cual le llegó a los 37 años.

## VESTIGIOS DE UNA RIVALIDAD DE GENERACIONES

Antes de arribar a la final de la primera edición de la Copa de Europa, Real Madrid tuvo que enfrentar al poderoso AC Milan de Alberto Schiaffino y Gunnar Nordahl, sin embargo, en las filas del conjunto transalpino se encontraban dos futbolistas que iniciaban dinastías muy poderosas y cuyos apellidos quedarían estampados en la historia del balompié mundial: Cesare Maldini y Lorenzo Buffon, defensa y portero respectivamente.

Un gol de José Iglesias en la vuelta decantó la llave a favor de los españoles, pero el dato es que Lorenzo sería tío abuelo de Gianluigi, golero que haría historia en la Juventus de Turín años más tarde, mientras que Cesare sería padre de Paolo Maldini, zaguero que marcaría una época en el AC Milan. Años más tardes, ambos descendientes enfrentarían numerosas veces al conjunto de la capital española.

## NAPOLEÓN

El Stade de Reims no se limitó a dominar el fútbol local, sino que además empezó a sacudir a Europa. Su figura, un tal Raymond Kopa, destilaba magia con sus botines y pulverizaba uno a uno a sus rivales, lo que le convirtió en uno de los jugadores más cotizados del mundo. Cuando arribó al Champagne –como era conocido el club-, Kopa empezó a ganar un salario bajo cuerda de 200.000 francos por mes -el doble de lo que señalaba el tope salarial-, desafiando las leyes de la época.

El *Daily Express* le llamó Napoleón: "El tamaño ideal de un atacante en el fútbol es de 1,69 metros". El jugador media 1,67, dos menos que un jugador ideal según el rotativo, pero había otro atributo que le hacía honor al sobrenombre: la capacidad de ser un general de ejército en el campo.

Dos meses después de recibir el mote, Stade de Reims cayó en la final de la Copa de Europa contra Real Madrid (4-3), pero la leyenda no quedó ahí. El atacante terminó firmando con el club merengue y se convirtió en uno de los mejores futbolistas franceses de la historia. Su tamaño no lo perjudicó, siempre fue Napoleón.

## DEBER CUMPLIDO

La primera final de la Copa de Europa presentó al Real Madrid contra el Reims en la exuberante París. Los galos se

adelantaron en el marcador con tantos de Leblond y Templin, pero el conjunto español consiguió darle la vuelta el marcador para terminar de llevarse el compromiso con un 4-3 que entró en los anales de la historia del club merengue.

Un tanto de Di Stéfano, doblete de Rial y un gol de Marquitos fungieron una de las remontadas más recordadas por el madridismo. Sin embargo, más allá de la euforia, Santiago Bernabéu, el presidente del club, estableció una frase para la historia que reflejó la grandeza del conjunto de Chamartín: "Hemos cumplido sencillamente con nuestro deber".

## AUSENCIA MAGIAR

¿Qué hubiese acontecido en Europa si el Hónved húngaro hubiese disputado la Copa de Europa? Nunca se sabrá, lo que sí es cierto es que disyuntivas políticas evitaron que el mejor equipo del Viejo Continente rivalizara en el torneo de clubes más esperado.

El equipo magiar dirigido por Gustav Sebes era la base de una selección que había dominado al mundo en los primeros años de la década, tal como lo refrendaban el oro en los Juegos Olímpicos de Helsinki en 1952 y el subcampeonato del mundo en Suiza en 1954, cuando todos esperaban que levantaran el cetro. Solo una sorpresa mayúscula de fútbol, que se conoció como el Milagro de Berna, impidió que los magiares se consagraran campeones del globo terráqueo.

El poderoso Hónved contaba con un trío atacante que destruía a sus rivales, el cual era conformado por Kocsis, Czibor y Puskás. Sin embargo, la institución rechazó participar en la primera edición de la Copa de Europa. Ya para la segunda, el club viajó a España para jugar contra Athletic de Bilbao, pero en Budapest estalló una revolución que acabó con una invasión de tanques soviéticos y con un derramamiento de sangre que llevó a que algunos futbolistas tomaron la decisión de solicitar un asilo político. De este modo, los tres atacantes no volvieron a Hungría y el equipo espectacular no superó la eliminatoria. El mágico Hónved nunca pudo hacerse presente en su esplendor y, pese a que logró participar en ediciones posteriores, lo hizo sin las figuras que le hicieron ganarse un espacio en el corazón de los amantes del buen fútbol.

## HUMILDAD

La semifinal de la Copa de Europa de la temporada 1956-57 presentó al partido más esperado por los futboleros: Real Madrid y Manchester United, los mejores equipos del momento en el Viejo Continente. Si bien los hispanos eran los vigentes reyes, el club inglés llegaba tras superar al Anderlecht belga, al Borussia Dortmund alemán y al Athletic de Bilbao, equipo contra el que perdió en el País Vasco por 5-3, pero al que volteó en la vuelta con un 3-0 estruendoso. "Pasaremos a la final porque somos mejores que el Real Madrid. Es más, solo tengo que decir que seremos campeones", arrojó Matt Busby, técnico del Manchester United, antes del partido.

En Chamartín, el duelo lució igualado en la primera parte, pero con un Di Stéfano encendido, los españoles consiguieron imponerse por 3-1, engañoso según los rotativos de la época, para ir con ventaja a Old Trafford. Sin embargo, no hubo sorpresa en suelo británico. Kopa y Rial hicieron los tantos para igualar y arrodillar al gigante inglés. El Madrid se clasificó a la final contra Fiorentina, un equipo correoso y difícil de vencer, logrando el título luego de que, a pocos minutos para el final, Di Stéfano anotara de penal y allanara el camino para lograr un triunfo por 2-0. Por su

parte, Busby, tras el naufragio, aseguró que el resultado fungía como una "cura de humildad".

## 125.000

La final de la segunda edición de la competencia terminó con triunfo del Real Madrid sobre Fiorentina con marcador de 2-0, ante un marco de 125.000 personas en la capital española. La cantidad de personas que se hizo presente en el duelo definitivo marcó una cifra récord y corroboró el éxito de la competición.

Sin embargo, el dominio del Madrid forzó otro cambio. Se tenía previsto que las finales se jugaran siempre en el campo del último campeón, pero ante el recurrente triunfo del conjunto de la península ibérica se decidió cambiar esta regla.

## INTERVENCIÓN TURCA

Cuando el PAE Olympiacos de Chipre y Besiktas de Turquía se encontraron en la fase preliminar de la tercera fase de la Copa de Europa 1958-59, la tensión se agravó en el ambiente. Ambos países atravesaban una dura situación política luego de que los otomanos intervinieran en la pequeña isla.

Tras analizar opciones, los chipriotas resolvieron de manera tajante: no quisieron prestarse a jugar un duelo contra el representante turco y se retiraron de la eliminatoria. Besiktas se clasificó sin jugar, pero su aventura no duró mucho más: Real Madrid le eliminó en la siguiente instancia.

## DOS EQUIPOS DE UN MISMO PAÍS

La edición de 1957-58 presentó un duelo inédito en dichos años, el de dos equipos de un mismo país. Si bien es cierto que solamente se clasificaba el campeón de cada liga, en esa temporada se dio la particularidad de que el calendario obligó a que el regente de Europa, Real Madrid, se encontrara con el Sevilla, que se había titulado en España.

El primer duelo entre dos equipos provenientes de una misma nación en el magno evento continental no tuvo la paridad esperada y es que con un Di Stéfano intratable, autor de cuatro dianas, el club merengue se llevó un sonado triunfo por 8-0 que encarriló la eliminatoria. El duelo de vuelta finalizó con empate a dos tantos, pero la clasificación fue capitalina.

## DESASTRE AÉREO DE MÚNICH

Manchester United había ganado las dos últimas ediciones de la liga inglesa y se mostraba como un firme candidato a ganar la Copa de Europa en 1958. Dirigido por Matt Busby, el club británico se clasificó a las semifinales del certamen continental tras eliminar al poderoso Estrella Roja de Belgrado.

El partido de ida finalizó con triunfo británico 2-1 en Inglaterra, gracias a los tantos de Colman y Bobby Charlton, mientras que la vuelta, disputada en Belgrado, cerró con empate 3-3 que les llevó a la penúltima instancia para encarar al AC Milan. Sin embargo, no hubo festejos.

El avión sufrió un breve retraso luego de que Johnny Berry perdiera su pasaporte y posteriormente hizo una parada en Múnich para recargar combustible, pero no volvió a salir. Tras unos intentos fallidos, la aeronave que buscaba regresar a casa se estrelló contra una casa vacía, llevando a la tragedia. Fallecieron 23 personas, entre ellos, ocho jugadores, destacándose la muerte de Duncan Edwards, promesa del balompié británico, y la del propio Berry. Solo Foulkes, Charlton, Gregg y Violle continuaron jugando fútbol con regularidad.

Nunca se esclareció totalmente lo acontecido en el Airspeed chárter. Lo que es cierto es que AC Milan se clasificó a la final contra Real Madrid y que los británicos tuvieron

que aceptar la cesión de jugadores y trabajar arduamente para volver a la vida. Tras el suceso, Bobby Charlton, figura en el gramado, y Busby allanaron el camino al éxito. Diez años más tarde, los Red Devils alzarían la Copa de Europa al vencer al Benfica en la final, con marcador de 4-1, con jugadores como Denis Law o George Best, quienes arribaron a la entidad tras la tragedia.

## UN "GORDO" HISTÓRICO

Cuentan que cuando Santiago Bernabéu firmó en 1958 a Ferenc Puskás, cansado de hacer goles en Hungría, el entrenador del Real Madrid, Luis Carniglia, mostró inconformidad por el "peso" del jugador. "Ahí está usted para ponerlo a punto", dicen que le respondió el mandamás de la entidad.

Sin embargo, el fichaje fue un acierto. Puskás no jugó la final contra Stade de Reims, pero se consolidó en una entidad en la que haría 242 tantos. Quizá su jornada más recordada fue en la final de 1959-60, cuando hizo cuatro tantos contra el Eintracht Frankfurt. Pese a su corpulencia, hacía goles.

## LIEDHOLM, INDETENIBLE

Sabiendo del poderío del Real Madrid en el fútbol continental, AC Milan consiguió hacerle rival con un equipo que diese miedo en todos los confines del mundo. Por eso fichó al sueco Nils Liedholm y al uruguayo Juan Schiaffino para que en la capital de la moda se jugara con un nivel que todos envidiaran, incluso el gigante merengue.

Por esto, las expectativas eran muy altas cuando se disputó la final de Bruselas en 1958 entre los dos clubes, y lo cierto es que ambos futbolistas lucieron inatajables. En su biografía, Alfredo Di Stéfano cuenta sobre una discusión que tuvo con Rial, por la dificultad de embestir al sueco, en el descanso. "El tipo me desequilibra con los ojos, Alfredo.

Mueve una ceja y ya me ha superado". "Pues mirá la bola, pelotudo" -respondió el sureño-, mientras colocaba sus muñecas en agua fría para evitar inflamaciones. El consejo quizá no funcionó en demasía. Liedholm gambeteó a Rial e inició una jugada que terminó en un tanto de Schiaffino para abrir el marcador. Efectivamente el talento de los dos era indetenible.

Di Stéfano tuvo que salir al rescate al convertir el gol del empate, pero había otro que quería su revancha. Luego de que Grillo marcara para los transalpinos, Rial se desquitó con un gol que forzó la prórroga definitiva. Su sufrimiento con el escandinavo se ablandó de cierta forma. El gol valió una prórroga y, en la misma, Paco Gento resolvió la final.

## LUTO

El luto mundial había acompañado al Manchester United tras el accidente aéreo, lo que motivó que la UEFA, en un acto de apoyo irrestricto, invitara al club británico a presentarse en la siguiente edición, la 1958-59. Sin embargo, la federación inglesa no autorizó la participación, argumentando que no era el vigente campeón.

Los "Diablos Rojos" jugaron un duelo, pero no fue el caso de la vuelta. Tras el incidente, su lugar lo ocupó el Wolverhampton, regente, pero su suerte no fue la mejor, ya que fue eliminado por Schalke 04 alemán en los octavos de final. El fútbol inglés no pasaba su mejor momento.

## PODIO DE 1955-59

| Edición | Campeón | Subcampeón | Resultado final | Sede |
|---|---|---|---|---|
| 1955-56 | Real Madrid | Stade de Reims | 4-3 | París |
| 1956-57 | Real Madrid | Fiorentina | 2-0 | Madrid |
| 1957-58 | Real Madrid | AC Milan | 3-2 | Bruselas |
| 1958-59 | Real Madrid | Stade de Reims | 2-0 | Stuttgart |

# Copa de Europa 1960-69: Constelación de Estrellas

La Guerra Fría estalló y se acrecentó con las batallas ideológicas que tuvieron en Vietnam a su lado más desgarrador. Pero además del ruido de los cañones y la confrontación dialéctica y semántica, el nuevo mundo se abría paso en las juventudes intempestivas que protagonizaban revueltas y protestas luchando contra el orden establecido en distintos rincones del mundo, teniendo en el Mayo francés del 68 y en la Primavera de Praga a sus principales banderas. El mundo se abría paso, y el fútbol también. La guerra espacial finalizaría y entre numerosas estrellas visualizadas, los jugadores del deporte de moda se destacaban.

Ya no se trataba solo de Alfredo Di Stéfano y los suyos, sino que los grandes clubes europeos podían gozar de la oportunidad de contar con jugadores que se terminaron convirtiendo en leyendas provenientes de recónditos lugares de Europa e incluso de Suramérica. Los 60 permitieron que tras el triunfo del Real Madrid 7-3 sobre Eintracht Frankfurt en el primer año de la década —un partido que quedó registrado en la historia—, AC Milan de Rivera, Internazionale de Luis Suárez o el Manchester United de un tal George Best enamoraran a todos mientras que Benfica era asestado por una maldición tras un peregrinar envidiable que prohibió más consagraciones de Eusebio y compañía. Eran momentos de cracks, pero también de innovaciones

tácticas. El Internazionale mostraba su pragmatismo con la dirección de Helenio Herrera y desde el norte de Europa, el Ajax de Ámsterdam empezaba a dar sus primeras exhibiciones. Las convulsiones políticas de Irlanda y del Bloque del Este también tuvieron un rol protagónico.

## PROMESA DE GAITA

La final de 1960 fue registrada como la fiesta futbolística por excelencia del siglo. Real Madrid vapuleó por 7-3 al Eintracht Frankfurt alemán en el Hampden Park de Glasgow, en un duelo que tuvo hasta cuatro balones reventando los postes. Fue tal la espectacularidad del compromiso que la BBC lo retransmitió en Navidad de manera recurrente en los siguientes años.

Uno de los jugadores que se destacó en el partido fue Marquitos, quien había hecho una promesa antes del compromiso: se disfrazaría de escocés si salía campeón. No fue sencillo encontrar el traje para cumplir con lo dicho, y solo rastreando el aeropuerto, el jugador obtuvo parte de la ropa. Finalmente se remangó la falda y aceptó una gaita que le regaló el dirigente Raimundo Saporta.

## EL SILBATO DE LEAFE

El clásico español, disputado históricamente entre Barcelona y Real Madrid, se topó en Europa por primera vez en la temporada 1959-60, teniendo al equipo capitalino como vencedor con un global de 6-2. El 3-1 de la ida fue desafiado por Helenio Herrera, estratega del FC Barcelona que vaticinó una remontada en la vuelta que nunca llegó: en suelo catalán, los de Chamartín volvieron a triunfar con idéntico marcador para encarrilarse a la final y hacia un nuevo título.

Sin embargo, un año más tarde llegó la revancha, con polémica incluida. Mateos y Gento, por el Real Madrid, y un doblete de Luis García, para el Barcelona, firmaron los tantos en el empate a dos goles que se produjo en el cotejo de ida. Sin embargo, llegó la remontada, auspiciada en gran medida por el arbitraje inglés de Leafe. Un tanto de Vergés y otro de Evaristo, de plancha hacia la inmortalidad, colocaron el 2-1 definitivo. La actuación del juez cobró resonancia internacional tras anular hasta tres tantos merengues. "Se quería que otro club ganara la Copa de Europa, no siempre el mismo", llegó a declarar Gento. Las quejas no bastaron y el Barcelona avanzó en detrimento del vigente campeón, consiguiendo ser el primer equipo que eliminaba al Real Madrid en la justa.

## POSTES CUADRADOS PARA KOCSIS Y CZIBOR

Berna, que había sido sede de la final de la Copa del Mundo de 1954, se disponía a albergar la final de la Copa de Europa de 1961, que englobaba a Benfica y FC Barcelona. Si bien es cierto que los lusos no encontraron ningún disgusto en particular con la sede, Zoltan Czibor, estrella del club español y quien había caído con la selección de su Hungría natal en el Mundial de unos años antes en suelo helvético, sabía que el escenario no se prestaba para su gloria personal. "Maestro, este campo de mierda", dijo, como si se tratara de una premonición, a su entrenador, Enrique Orizaola. No fue el único en vivir la tragedia del 54, ya que Sandor Kocsis, otro magiar memorable, también vestía la camiseta azulgrana.

Lo cierto es que el destino quiso que el partido se decantara para los lusos. El Benfica de José Augusto, Coluna y Aguas ganó por 3-2, pero FC Barcelona pegó hasta cuatro remates a los postes que imposibilitaron un mejor resultado. Como si fuese una jugarreta del destino, los tantos catalanes fueron obra de los dos húngaros. Tras el compromiso, Orizaola habló con uno de los organizadores de la Copa. "Le argumenté que muchos de nuestros balones hubiesen ido adentro si los postes fuesen redondos y que,

además, sería bueno que los palos se hiciesen de esta manera porque si un jugador chocase contra un palo cuadrado se abriría en canal. Este directivo me dijo que lo estudiarían. Casi sin quererlo, me convertí en el propulsor de que los postes fuesen redondos a partir de entonces, ya que un mes y medio más tarde las porterías cambiaron", señaló al *Diario AS*.

## UNIFORMES CONFUSOS

El primer enfrentamiento entre Real Madrid y Juventus por la Copa de Europa se llevó a cabo en la campaña 1961-62, dando inicio a una rivalidad que terminó siendo eterna. Se trataba, ni más ni menos, que el choque entre Alfredo Di Stéfano y Omar Sívori, dos de los mejores futbolistas argentinos que ha dado la historia.

El cotejo de ida, efectuado en Turín, se saldó con triunfo por 1-0 del Real Madrid, siendo la Saeta Rubia el autor del único tanto. El triunfo le daba una clara ventaja al club español, pero no cerraba una eliminatoria caldeada luego de que Sívori le asestara un cabezazo, frustrado, a Pachín, su férrea marca. Pero en el duelo de vuelta, Sívori igualó la llave con un tanto tempranero. Los madridistas no consiguieron igualar, notando un bajo rendimiento en la segunda parte gracias a una medida extraordinaria que se dio en el descanso: Juventus tuvo que cambiarse de uniforme, colocándose la segunda indumentaria del Real Madrid, de color fucsia. Disgustados, los españoles protestaron airadamente, llegando incluso a amenazar con retirarse del partido, ya que confundían a sus rivales con el árbitro, quien también vestía de oscuro.

Tras la paridad de la eliminatoria, se forzó un juego de desempate en París, que dictaminó el triunfo merengue por 3-1 y la clasificación. Se había disparado una rivalidad europea que evolucionaría sin importar el uniforme.

## LA CAMISETA DEL MEJOR

Cuando se efectuó la final de 1962, Di Stéfano –en el Real Madrid de sus amores– y Eusebio –figura en el Benfica– se encontraron frente a frente. El encuentro era inolvidable ya que se trataba del mejor jugador del momento, atravesando sus últimos días en la élite, contra su sucesor, un ferviente atacante que había despuntado desde Mozambique.

La leyenda cuenta que Eusebio, quien ya había aportado dos asistencias, se acercó a los experimentados Coluna y Aguas para solicitarles el lanzamiento de un tiro penal, jugada en la que no defraudó. Pocos minutos más tarde, la Pantera Negra marcó nuevamente, en esta ocasión tras un soberbio tiro libre que rubricó el quinto tanto de los suyos y la consagración lusa en un partido que terminó 5-3.

Lo que sí es una certeza es que al final del compromiso, solicitó la camiseta de la Saeta Rubia para quedársela como recuerdo. Algunos dicen que tuvo la valentía de acercarse al legendario artillero de origen argentino, mientras que están los que aseguran que Eusebio le pidió el favor a Coluna, quien con su experiencia no debía amilanarse. El hecho concreto es que el delantero del Benfica obtuvo la casaca de Di Stéfano y la guardó hasta el final de su vida, asegurando siempre que fue uno de los mejores recuerdos que tuvo en su dilatada carrera.

## PELÉ PUDO JUGARLA

En los años 60, Edson Arantes do Nascimento, mejor conocido como Pelé, triunfaba en la Copa Libertadores con el Santos de Brasil, por lo que rechazó jugar con algún gigante en la Copa de Europa. "Yo estuve dos o tres veces muy cerca de ir al Real Madrid, también del Milan, pero el Santos

en ese momento estaba en un gran momento, yo estaba bien allí, con grandes jugadores y no tenía muchas ganas de cambiar. Solo salí a Estados Unidos para promover el fútbol", señaló *O Rei*.

## LA MALDICIÓN DE GUTTMANN

Pocos podían imaginar que uno de los equipos más espectaculares de la historia se erigiese en Lisboa. La pequeña Portugal vio surgir en uno de sus clubes más importantes, el Benfica, a un conjunto esplendoroso, con muchos jugadores provenientes de las colonias africanas, que se desquitaban a sus rivales partido a partido. Entre estos futbolistas se destacaba el popular Eusebio, nacido en Mozambique, y quien fue capaz de cambiar la historia del fútbol luso para siempre.

El arquitecto del proyecto fue el húngaro Bela Guttmann. Tras un paso por el FC Porto, el estratega reorganizó la estructura del Benfica y armó un combinado espectacular que empezó a encandilar al Viejo Continente. Fue así como en los años 1961 y 1962, el club lisboeta levantó dos veces la Copa de Europa y se proclamó como el equipo más representativo.

Los métodos del director técnico eran muy poderosos, también por tener mucha relevancia en lo psicológico. Cuenta la leyenda que, en las semifinales disputadas contra Tottenham en 1962, el técnico utilizó a la prensa para hacerle llegar un recado al juez y que el clima del White Hart Lane de Londres no derribara a sus futbolistas. Tras el 3-1 en la ida, habló con los corresponsales en un hotel de la capital inglesa. "Les dije que me temía un baño de sangre, y ellos fueron a Poulsen, el árbitro danés, y le dijeron que Guttmann no creía que fuera lo suficientemente fuerte para manejar el partido. Era un truco viejo, pero funcionó", narró el técnico, quien vio como sus jugadores luchaban gallardamente, y pese a perder 2-1, clasificaban a la final para salir airosos. El entrenador también arengó a sus futbolistas para maniatar al Real Madrid en la final. "Real Madrid cansado, Real Madrid cansado. Real Madrid viejo, viejo, viejo. No pueden ganar. Real Madrid no puede correr, Di Stéfano muerto", cuenta.

Pero hubo un contratiempo que terminó jugándole en contra al Benfica con el tiempo, pues la lengua del timonel no tenía límites: Guttmann intentó reclamar un aumento de sueldo y la dirigencia del equipo le negó la propuesta. La tensión se hizo presente en el clima y el entrenador fue finalmente despedido, no sin antes decretar una maldición. En su último día, el húngaro espetó: "Nunca, ni en cien años, el Benfica volverá a ganar un título en Europa sin mí. Me voy". El augurio no fue en vano. El club luso perdió las finales continentales de 1963, 1965, 1968, 1988 y 1990, así como las de la UEFA/Europa League de 1983, 2013 y 2014.

## LESIÓN Y SUBCAMPEONATO

Más allá de la maldición de Guttmann, Benfica tuvo motivos terrenales que le hicieron perder la final de la Copa de Europa de 1963. En el cotejo definitivo ante el AC Milan, el duelo lucía parejo, incluso de tendencia favorable para los lusos, pero una jugada acabó con la balanza. Gino Pivatelli entró con fuerza sobre Coluna y le lesionó, perjudicando el transitar portugués.

Como en dichos años no existían las sustituciones, el jugador se mantuvo en el césped, aunque sin poder hacer nada. Se mantenía en espíritu y con ganas de aportar su talento, pero su estado físico le impedía colaborar con sus compañeros, dejando al Benfica con 10 jugadores de manera virtual. Al final, Milan ganó por 2-1, gracias a dos tantos de Altafini, y Eusebio, figura lusa, declaró que "perdi-

mos el partido al lesionarse Coluna. El Milan, no obstante, aprovechó sus oportunidades mejor que nosotros".

## HELENIO HERRERA

Los métodos de Helenio Herrera, estratega del Internazionale de Milán, eran bien conocidos por su rudeza. Inventor del catenaccio, ese estilo de fútbol defensivo que se hizo referencia del balompié transalpino, no se amilanó contra ningún rival, buscando llevar a la gloria al club *neroazurro*.

Para pensar en el sueño europeo, el técnico se puso entre ceja y ceja fichar a Luis Suárez, proponiendo una cifra de 25 millones de pesetas, una cantidad exorbitante para la época, a un FC Barcelona que estaba prácticamente quebrado. Luego de cerrar el convenio, el club transalpino permitió que la estrella del club catalán jugara la final de la Copa de Europa del FC Barcelona, pero inmediatamente tras el partido, el jugador partió a cerrar su contrato en suelo italiano, donde haría historia.

Nuevamente el carácter de Herrera se mostró en 1964 en una eliminatoria contra Everton. Antes del partido, le aseguró a Mazzola que tenía que jugar rápido, ya que recibiría duros golpes de un jugador inglés. "A éste, que yo sepa, lo han metido en la cárcel por dar una paliza. Pega como un forjador, así que como no seas rápido con la pelota, te va a machacar", instó a su jugador. El club italiano pudo salir con vida de la eliminatoria. Tras el compromiso, Internazionale se impuso por 3-1 al Real Madrid en Viena y obtuvo su primera Copa de Europa. Luego, un año más tarde contra Benfica, volvió a levantar el cetro. Con Suárez como una de sus figuras y Mazzola, otro artillero espectacular, Herrera edificó a un campeón memorable. Sus métodos daban resultados.

## RECORDANDO A VALENTINO

Cuando el Internazionale se impuso por 3-1 al Real Madrid en la final de 1964, todos los flashes reposaron en el talentoso Sandro Mazzola, autor del tercer gol y quien había sido una de las figuras del conjunto transalpino. Las comparaciones flotaban en el ambiente, ya que sobraban los incautos y los enamorados que recordaban a su padre, Valentino, quien había sido figura del Torino de unos años antes, clásico del fútbol italiano que tuvo su fin en un accidente aéreo que se conoció como la Tragedia de Superga.

Cuando acabó el partido, Sandro buscó a Di Stéfano para cambiarle la camiseta, pero en el camino se encontró con Ferenc Puskás, otro legendario del equipo madrileño. "Disfruta este momento, chaval, para gloria tuya y orgullo de tu padre Valentino Mazzola esté en donde esté. Eres digno de él", le dijo el húngaro antes de ofrecerle su camiseta. La leyenda italiana aceptó el obsequio, uno nada despreciable.

## SHANKLY NO CAMINA SOLO

No solo The Beatles hicieron que la música de Liverpool sonara en todos los rincones de Europa, sino que el propio Bill Shankly, entrenador del equipo de la ciudad inglesa, quiso poner sello propio del equipo. Minutos antes de un partido de Copa, el timonel no llegaba a la charla técnica para motivar a sus jugadores, generando preocupación en el entorno, pero cuando apareció con la corbata mal arreglada, señaló que estaba ensayando con la afición en la grada más fiel, la Kop. Ese día sonó por primera vez "You'll never walk alone", un clásico de Gerry & the Pacemakers en un duelo internacional.

La canción quedó inmortalizada y, por décadas, siempre que el Liverpool jugó un partido de trascendencia la

canción se escuchó desde las gradas para acompañar a su equipo. Sin embargo, con el tiempo, muchos clubes empezaron a copiar el tema. Celtic de Glasgow fue uno de los más sonados, y cuando ocurrieron los actos terroristas de Madrid el 11 de marzo de 2004, sus hinchas entonaron el clásico previo a un partido de Champions contra el FC Barcelona.

Aunque no se sabe a ciencia cierta cuándo sonó la canción por primera vez en un duelo de Liverpool, son muchos los que creen que Shankly efectivamente animó a sus seguidores para que lo interpretaran en un cotejo europeo. El mítico estratega del Liverpool también solicitó que sus jugadores jugaran con shorts rojos y no blancos, logrando que el uniforme completo fuese de este color, una rareza en un país en el que muchos equipos tenían el color rojo pero con blanco. En 1964, en un duelo de Copa de Europa contra el Anderlecht belga, presentó la innovación.

## NOCHES POLÉMICAS

El Internazionale de Helenio Herrera no estuvo exento de polémicas en sus jornadas europeas, lo que atentó contra el prestigio de uno de los equipos más poderosos que jamás vio Europa. En la semifinal de la edición de 1963-64 contra Borussia Dortmund, el árbitro Branko Tesanic omitió una dura entrada de Luis Suárez, que lesionó a Kurrat, polemizando en el encuentro. Tiempo más tarde se supo que el juez había percibido un dinero por su actuación y que incluso el Inter le había pagado las vacaciones junto a su familia, datos que hizo público en sus investigaciones el periodista inglés Brian Glanville años más tarde.

En la temporada 1964-65, el Internazionale protagonizó otra semifinal con exceso de polémica. Todo comenzó al finalizar el duelo de ida en Liverpool, donde el club inglés se hizo inmenso en Anfield Road con un triunfo por 3-1. Al finalizar el cotejo, Bill Shankly, estratega del gigante británico, recibió un mensaje de un periodista transalpino, el cual le decía que no se le iba a permitir una victoria en San Siro. La vuelta no estuvo exenta de polémica. El árbitro validó un tiro libre indirecto de Corso cuando no correspondía disparar, omitiendo las protestas inglesas y Joaquín Peiró anotó un tanto golpeando al portero. El árbitro no vio la falta, sí el tanto y el club *neroazurro* ganó por 3-0 y volvió a una final para ganarla contra Benfica.

## SORTEO AL AIRE

Las grandes epopeyas escritas en las noches europeas no podrán pasar por alto lo que ocurrió en los cuartos de final de la temporada 1964-65, cuando Colonia llegaba tras ser campeón alemán en los primeros pasos del profesionalismo germano y se enfrentaba a un Liverpool que se acercaba a sus años de euforia.

Tanto en Inglaterra como en Alemania, los encuentros terminaron 0-0, por lo que se determinó forzar un partido de desempate en Holanda. Pero otra vez, aunque en esta ocasión con dos goles por bando, no hubo un ganador. Se resolvió apostar por un sorteo para determinar el clasificado a la semifinal.

"El árbitro sacó un plástico del doble del grueso de una media corona, roja de un lado, blanca del otro", contó posteriormente el periodista Horace Yates en el *Liverpool Echo*. Lo cierto es que el lanzamiento fue incierto, ya que el objeto cayó de costado en el césped de Rotterdam, lo que motivó a un segundo intento, que favoreció a Ron Yeates, capitán del Liverpool. "Qué forma más desagradable de separar dos galantes y tan emparejados equipos", reflexionó Yates.

## DERRY NO QUISO JUGAR

El origen del Derry City norirlandés está marcado por el conflicto que asoló a la nación durante sus disputas con la República de Irlanda. Tras la salida del Reino Unido, la

ciudad quedó ubicada en la región probritánica pese a tener en su mayoría a una población católica. Por esto, tuvo muchos enemigos, incluso en su propia casa.

En 1965 se convirtió en el primer club del país en ganar una serie, tras imponerse por 5-1 a Lyn de Noruega, pero en la siguiente fase, en la que debía encarar al Anderlecht de Bélgica, todo se complicó. Tras caer 9-0 en el partido de ida, la propia federación local señaló que el duelo no se podía jugar en la ciudad y que el partido debía mudarse a Belfast. Esto llevó a una disputa del club contra su autoridad y a que el Derry decidiese retirarse de la competencia. El partido de vuelta nunca se disputó, Anderlecht se clasificó y el equipo norirlandés nunca dio su brazo a torcer. Las especulaciones decían que el interés de la federación era evitar que un club de mayoría católica representara a una nación protestante, pero también están los que señalan que Derry City vio una salida salomónica ante la posibilidad de encajar otra goleada de escándalo.

## ¿THE BEST?

El norirlandés George Best fue el santo y seña del Manchester United de Sir Matt Busby que maravilló Europa en la década de los 60. Su primera gran exhibición se dio en los cuartos de final de la Copa disputada en 1966, cuando encaró a Benfica en Lisboa. El rival se antojaba difícil y el técnico del club inglés pidió mesura a sus jugadores. Sin embargo, a los 12 minutos, Best ya era indetenible y firmaba el 2-0 en el marcador. "Obviamente no me escuchaste", ironizó el timonel en el entretiempo. El partido finalizó 5-1 y el Quinto Beatle fue valorado como el mejor jugador del partido. "No sabíamos cómo mantener apretado el juego. Sabíamos cómo golpear a los equipos, que es lo que hicimos", recordó posteriormente Best, justificando así la incapacidad para seguir órdenes de su estratega.

El matrimonio del técnico y el jugador le dio poco tiempo después otra página gloriosa al club inglés. En 1968, los

"Diablos Rojos" vencieron nuevamente a Benfica, esta vez en la final del torneo, y levantaron su primera Copa de Europa. En la prórroga, Best llevó el balón, dejó sentado al portero Stepney y remató al arco vacío para estipular la diferencia. Años más tarde, el atacante confesó que siempre había soñado con hacer esa jugada, pero que en lugar de empujar el balón a la red con el pie, le hubiese gustado arrodillarse y cabecear el balón. El jugador estuvo tentado, pero al final prefirió priorizar la salud de Busby. "Si hubiera cabeceado, Busby hubiese tenido un ataque cardíaco", explicó, quizá con razón.

## CINCO GOLES Y BICICLETAS

La fase preliminar de la Copa de Europa presentaba unos duelos muy disparejos, pero ninguno como el que encontró al Valkeakosken Haka de Finlandia contra el RSC Anderlecht de Bélgica, el 14 de septiembre de 1966. Las diferencias no solamente residían en el talento puro de cada equipo, sino en los recursos logísticos para poder jugar al fútbol y sobre todo en la superioridad que tenía en la cancha el mítico Paul Van Himst, figura del combinado belga.

"No fue una batalla igualada. Cuando llegamos al estadio en autobús, una hora y media antes del partido, vimos a nuestros rivales llegando en bicicletas con sus bolsas detrás. Aún recuerdo ese partido con satisfacción. Marcar cinco goles en una Copa de Europa sigue siendo algo extraordinario", recordaría Van Himst a la UEFA.

Anderlecht goleó escandalosamente a su rival con marcador de 10-1 y los cinco goles de la figura belga hicieron historia, ya que pocos jugadores —Bent Löfquist, José Altafini, Raymond Crawford, Nikola Kotkov y Flórián Albert— habían logrado semejante cantidad de tantos en un único compromiso. Si bien era cierto que los rivales se trasladaban en bicicleta, era digno de recordar la exhibición de uno

de los talentos más espectaculares que dio el balompié belga en su historia.

## DURÁN EN SU CALDERÓN

En su pasado como futbolista, Antonio Durán se colocó el uniforme rojiblanco del Atlético de Madrid, recogiendo aprendizajes de sus largas sesiones con Helenio Herrera, para buscar su propio camino como estratega. Fue así como se marchó a Suecia, donde hizo carrera en el Malmö entre 1964 y 1972.

Pero el destino le guardó una sorpresa especial. El 12 de octubre de 1966 tuvo que visitar al Atlético por Copa de Europa en un duelo repleto de nostalgia para Durán. Sin embargo, algo había cambiado, ya que el estadio no era el de siempre: el club español estrenaba su nueva casa a nivel internacional, el Vicente Calderón, en ese partido.

Atlético de Madrid ganó por 3-1. El primer partido disputado en el Vicente Calderón por Copa de Europa se había saldado a favor de los españoles, gracias a un espectacular transitar de Luis Aragonés, con gol y asistencia. Durán había regresado a Madrid, pero no al antiguo Metropolitano. Los colchoneros tenían una casa nueva, en la que tendrían muchas alegrías.

## THE FOG GAME

El 7 de diciembre de 1966, la niebla y el fútbol total fueron los principales protagonistas de una jornada recordada como "The fog game". Los octavos de final de la Copa de Europa presentaron en Ámsterdam al Ajax, un desconocido hasta la fecha, contra el Liverpool del mítico Bill Shankly, que llegaba como amplio favorito para acceder de ronda en la competencia.

En dicha jornada, la niebla invadió el estadio con tal fuerza que casi nadie pudo ver el partido. Una leyenda cuenta que Henk Groot y Sjaak Swart, figuras del club ajacied, llegaron apenas 45 minutos antes del partido, ya que tuvieron que empujar el carro varios kilómetros. Pero otros especialistas tuvieron otras vicisitudes en dicha jornada. "Nos comentaron antes de empezar que la niebla nos iba a dar problemas ese día, pero los meteorólogos dijeron que iba a desaparecer a lo largo del partido, pero solo empeoró. Cuando me senté en mi set, vino el presidente a preguntarme, estaba muy preocupado porque no se podía ver nada de nada", comentó posteriormente Herman Kuiphof, periodista de la época.

Si bien el duelo estuvo cerca de suspenderse, los dos equipos acordaron jugarlo. Liverpool tenía que afrontar un clásico contra Manchester United por el torneo local 48 horas después y Ajax no quería dejar plantado a miles de personas que habían llenado el estadio.

Bill Shankly contó que ingresó al terreno de juego a dar instrucciones, pero que el juez nunca lo vio. Incluso Swart, quien escuchó un silbato, pensó que era el descanso y se lanzó al camerino velozmente, dándose cuenta por un trabajador del área que el partido continuaba. Por su parte, Gert Bals, golero del club holandés, dijo celebrar un tanto ajacied cinco segundos más tarde.

El duelo finalizó con un soberbio triunfo del Ajax de Cruyff con marcador de 5-1, pero Shankly dijo una de sus frases más recordadas. "No me ha dejado muy impresionado el Ajax. Tuvieron suerte. La próxima semana en Liverpool vamos a vencer por 7-0. Ha sido ridículo, el Ajax jugó un fútbol defensivo en su propio terreno. Nosotros nunca hemos jugado bien contra equipos defensivos", comentó. Sin embargo, sus palabras no se cumplieron. En Anfield Road el duelo terminó con empate a dos goles y los tulipanes clasificaron a la siguiente fase. La exhibición del club de Ámsterdam había dado sus frutos y había permitido mostrar que los holandeses podían competir en Europa. Shankly, asumiendo su derrota, felicitó uno a uno a los tulipanes con caballerosidad en el camerino. No estaba feliz, pero sabía que se había disputado uno de los partidos más preponderantes en la historia reciente. Lastimosamente pocos la habían visto.

## LA OREJONA

La Copa en disputa sufrió una variante en la temporada 1966-67, luego de que el antiguo trofeo con forma de ánfora, cambiara por la popular Orejona, como se conoce por el tamaño de sus asas. La invención del suizo Jörg Stadelman tuvo una longitud de 74 centímetros y es el cetro más preciado por los futbolistas europeos.

La adjudicación de la Copa también ha tenido su particular ritual. Los clubes en ganarla en tres ocasiones consecutivas, o en cinco de manera total, solían quedarse con la misma en sus vitrinas. Pero desde 1968-69, el club campeón de la campaña anterior quedaba obligado a devolver la Orejona dos meses antes de la final, quedándose con una réplica. En 2008-09 el trofeo quedó para la UEFA de forma exclusiva, entregándose una copia a los clubes reinantes.

## LOS LEONES DE LISBOA

Europa esperaba ansiosa la final de la Copa de 1967, en la cual jugarían en Lisboa el Internazionale de Helenio Herrera, favorito para llevarse el título, y el Celtic de Glasgow, primer club británico en alcanzar la final del certamen. El duelo en sí también era un choque de filosofías, el catenaccio contra el súper vertical fútbol escocés.

Haciendo todo lo posible para ganar el partido, Helenio Herrera planificó una de sus artimañas. Viajó en avión privado a Escocia a ver un partido del Celtic e invitó a Jock Stein para que volara a Milán y estudiara a Internazionale. El timonel del club católico no mordió el anzuelo por completo: cuando llegó al aeropuerto, el vuelo había partido. Sin embargo, ya había reservado un billete por si efectivamente era una estratagema del rival.

Pero no todo andaba bien en el seno del equipo italiano. Un bonito hotel en Lisboa frente al mar no era suficiente incentivo para los jugadores del Internazionale. Fusilados mentalmente por la poca convivencia con su familia, los jugadores asumieron la final de Lisboa con una presión ineludible, que les llevó al fin de un ciclo tan exitoso como exigente.

Las concentraciones con dos días de anticipación y los métodos de Herrera habían terminado por dinamitar mentalmente a un equipo que lo había ganado todo. Por esto, cuando se encontraron con Celtic en la final, ni siquiera un gol de Mazzola invitó al optimismo. Por órdenes de Herrera, los italianos se apertrecharon más contra su arco, y fue cuando apareció el empate escocés.

Cuentan que el capitán Armando Picchi se acercó a Tarcisio Burgnich y le dijo con desdén: "No te esfuerces, Giuliano. No vale la pena, déjalo entrar. Nos van a ganar igualmente". Era un mensaje de un vestuario acabado. Y así fue, Celtic volteó el marcador y acrecentó su leyenda. Internazionale perdió el Scudetto pocos días más tarde y el club terminó por difuminarse.

En el juego se contabilizaron más de 15 disparos al arco rival, por dos del club transalpino. La afición se enamoró de los escoceses, haciendo referencia también al uniforme, y es que las líneas blancas y verdes les hicieron recordar al del Sporting Lisboa, club de la ciudad, por lo que llamaron al club campeón los Leones de Lisboa.

El suceso arrojó numerosas consecuencias. Internazionale inició una purga que finalizó con la salida de Herrera a mediados del año siguiente y que liquidó al mejor Inter de Milán que se vio hasta entonces. Por su parte, en Glasgow, Stein fue valorado como una leyenda en el país. Fue condecorado como Comendador del Imperio Británico y se dice que Bill Shankly le dijo tras el partido: "Ahora eres in-

mortal". En el 2000, una tribuna del Celtic Park se bautizó como los Leones de Lisboa.

## CUMPLEAÑOS FELIZ

Brian Kidd jamás olvidará cuando cumplió 19 años, un 29 de mayo de 1968 en Wembley. El jugador del Manchester United no estaba en los planes para disputar la final contra Benfica, pero una lesión de Dennis Law antes del cotejo le permitió ser tomado en cuenta. Kidd no era un niño y disputaría un partido que quedaría en su memoria.

Era el cumpleaños del pequeño Brian, pero la figura de la noche fue George Best, quien ese día fue inmortalizado en el firmamento del balompié global. El norirlandés tuvo un gesto supremo al entregarle un balón espléndido a Kidd, quien lo transformó en gol para cerrar su noche recordada. El duelo terminó con marcador de 4-1, Manchester United levantó la Copa y Kidd tuvo su mejor cumpleaños.

## ORIENTE VS. OCCIDENTE

Luego de que el sorteo para la Copa de Europa estuviese definido, una irrupción militar trastocó los planes. En agosto de 1968, las tropas del Pacto de Varsovia entraron en Checoslovaquia para poner fin a la Primavera de Praga, proceso independentista que se fraguaba en el país, y saboteó el desempeño inicial de la competencia.

Tras los acontecimientos, la UEFA celebró una reunión de emergencia que determinó anular las llaves que encontraban a equipos de Europa Occidental contra los de Europa Oriental, suceso que alteró el sorteo previamente estipulado, dejando numerosas modificaciones.

Pese a que inicialmente el FC Zeis Jenna (Alemania Oriental) vs. Estrella Roja de Belgrado (Yugoslavia) no se suspendió por ser dos equipos comprometidos con el telón de acero, numerosos equipos mostraron su disconformidad por considerar que la UEFA cedía a las presiones de occidente. Tras esto, la dirigencia europea se reunió nuevamente en septiembre y confirmó que el segundo sorteo gozaba de validez, por lo que algunos representantes se negaron a participar. Entre los países sumados al boicot se encontró el lado comunista de Alemania, por lo que el Zeis Jenna se retiró y dejó la clasificación servida al club yugoslavo.

## LA ENTRADA PERFECTA

El 17 de septiembre de 1969, el torneo europeo daba la bienvenida a un nuevo equipo, Leeds United, el cual ya había dado de hablar en el continente por sus éxitos en La Copa de Ferias. El equipo dirigido por el mítico Don Revie inició su andadura por el torneo continental, enfrentando al SK Lyon Oslo, club noruego que pese a ser amateur y a estar conformado por profesores, estudiantes y oficinistas, había tenido una buena participación en la temporada anterior.

Don Revie fue enfático desde antes del partido, estipulando públicamente que quería una ventaja de al menos tres goles en el juego de ida disputado en Elland Road para llegar con comodidad al partido de vuelta a realizarse en suelo vikingo. Lo cierto es que, sabiendo de su favoritismo, Leeds salió con todo y obtuvo los tres goles en simplemente nueve minutos. Mike O'Grady anotó a los 35 segundos, mientras que Mick Jones aportó dos tantos antes que finalizara el noveno minuto, algo inédito en la fecha.

Lo cierto es que dobletes Allan Clarke, Johnny Giles y Billy Bremmer, aunado a un tanto más de Mick Jones completaron un 10-0 inolvidable en Elland Road. En su primer partido en Copa de Europa, Leeds daba un golpe inusitado

que le garantizaba el paso a la siguiente fase, pese a la cautela previa de Don Revie.

## DESCONFIANZA TOTAL

Los cuartos de final de la Copa de Europa de 1969 presentaron al poderoso Benfica de Eusebio contra el Ajax de Ámsterdam, el cual ya había mostrado algunos de sus artilugios en el balompié europeo. Sin embargo, luego de que una fuerte nieve hiciera añicos el césped en la capital holandesa, el club luso se impuso por 3-1 para prácticamente sentenciar la eliminatoria.

Sin embargo, de manera increíble, los tulipanes reaccionaron en el partido de vuelta, consiguiendo un triunfo por 3-1 que forzó un partido de desempate, una hazaña que no fue vista por televisión por ningún tulipán. El escritor David Winner cuenta que fue "un partido que la televisión holandesa no se molestó en transmitir porque supusieron que Ajax no podía ganar". El fútbol total se impuso y el equipo ajacied ganó por 3-0 en el desempate, cuyas imágenes recorrieron el mundo. Cruyff y los suyos llegarían a la final, en la que serían derrotados 4-1 por el AC Milan.

## LAS DOS PERLAS DE MALATRASI

Saul Malatrasi no es un nombre muy rimbombante en el balompié europeo, pero sin duda tiene un récord envidiable, ya que en cuatro años se convirtió en el primer jugador en ganar la Copa con dos clubes diferentes.

En 1965, pese a no jugar en la final, formó parte del plantel del Internazionale de Milán que ganó la competencia tras vencer a Benfica 1-0 en el duelo definitivo. Cuatro años más tarde, jugando con la camiseta del AC Milan, eterno rival, levantó nuevamente el trofeo, tras vencer 4-1 al Ajax.

Hubo que esperar muchos años para que Miodrag Belodedici, zaguero rumano, triunfara en la competencia con dos clubes distintos, Steaua Bucarest (1986) y Estrella Roja

(1991). A diferencia de Malatrasi, sí se dio el lujo de jugar en los dos partidos definitorios.

## CARA Y CARA

La noche del 29 de noviembre de 1969 marcó un cambio en el porvenir del fútbol europeo tras una ardua eliminatoria que protagonizaron el Celtic y el Benfica, dos campeones de Europa. Los escoceses de Jock Stein habían descifrado el cerrojo del Internazionale unos años antes, mientras que un Benfica desvencijado había dominado en el continente con célebres participaciones a principios de la década, lo que convertía al duelo entre los dos en el más esperado de los octavos de final. Por los verdiblancos se destacaban el vertiginoso Jimmy Johnstonne y el popular Tommy Gemmell, mientras que en el equipo luso se mantenían los Simoes, Coluna y Eusebio, símbolos de una era que daba sus últimos pasos.

El cotejo de ida, en Glasgow, encontró en el golero Zé Henrique a una figura providencial para evitar que la llave se cerrara. Lo cierto es que pese a las sagaces intervenciones del cancerbero, los verdiblancos ganaron por 3-0 y se marcharon al campo rival, con una ventaja considerable.

En Portugal abundaban los buenos recuerdos para el Celtic, equipo que ahí había apuntado la Copa de Europa de unos años antes. Pero en esta ocasión no fueron los Leones de Lisboa. Los lusos consiguieron remontar con un holgado triunfo por 3-0 y provocaron que la eliminatoria se resolviese con el lanzamiento de una moneda, toda una suspicacia del destino.

El ambiente estaba muy tenso. Por esto, el árbitro Van Ravens invitó a los involucrados a un espacio cerrado. Aparte de él entraron los capitanes Coluna (Benfica) y McNeill (Celtic), y los entrenadores Otto Gloria, por los portugueses, y Jock Stein, por los escoceses. El juez sacó un florín holandés y pasó a realizar el sorteo. Salió cara y Mc-

Neill festejó, pero Van Ravens lo calmó insistiendo en que el primer lanzamiento solo tenía como objetivo designar al primero de los dos jugadores en elegir su suerte. Esperando que la fortuna le volviese a sonreír, el capitán del Celtic repitió cara en detrimento de Coluna y el destino le respondió: salió cara y el club verdiblanco volvió a festejar en Lisboa, aunque en esta ocasión de una manera muy distinta a la de años atrás.

Las quejas fueron portuguesas, pero los cambios estructurales fueron para siempre: un año más tarde, la competición resolvió eliminar el lanzamiento de monedas e incorporar a la tanda de penales como criterio de desempate. Por los momentos, Celtic se clasificaría a otra final continental, esta vez ante Feyenoord.

## PODIO DE LOS 1960-69

| Edición | Campeón | Subcampeón | Resultado final | Sede |
|---------|---------|------------|-----------------|------|
| 1959-60 | Real Madrid | Eintracht Frankfurt | 7-3 | Glasgow |
| 1960-61 | Benfica | Barcelona | 3-2 | Berna |
| 1961-62 | Benfica | Real Madrid | 5-3 | Ámsterdam |
| 1962-63 | AC Milan | Benfica | 2-1 | Londres |
| 1963-64 | Internazionale | Real Madrid | 3-1 | Viena |
| 1964-65 | Internazionale | Benfica | 1-0 | Milán |
| 1965-66 | Real Madrid | Partizán | 2-1 | Bruselas |
| 1966-67 | Celtic | Internazionale | 2-1 | Lisboa |
| 1967-68 | Manchester United | Benfica | 4-1 | Londres |
| 1968-69 | AC Milan | Ajax | 4-1 | Madrid |

# COPA DE EUROPA 1970-79: FÚTBOL TOTAL

El norte de Europa logró reponerse tras la II Guerra Mundial. El crecimiento vertiginoso no se limitó al plano económico, sino que en el área social se promovieron cambios espectaculares que moldearon en gran medida lo que sería el futuro del fútbol continental. En Holanda aparecieron los provos, un movimiento que irrumpió con fuerza en la sociedad para auspiciar cambios a través de demandas racionales. Tras esto, las bicicletas se instauraron como una alternativa a la contaminación causada por los vehículos y distintos conceptos sociales variaron totalmente. Si bien el movimiento se apaciguó en 1965, las consecuencias quedaron vigentes en la sociedad holandesa, teniendo su participación en el fútbol. Los triunfos del Ajax pocos años antes ya habían llamado la atención de todos, pero no fue sino hasta los 70 que terminaron de dinamitar el orden del balompié continental.

Europa se tuvo que moldear a la revolución naranja. Holanda desarrolló innovaciones tácticas y espectaculares que cambiaron al fútbol para siempre y que llevó a que entre Feyenoord y Ajax obtuvieran los cuatro primeros cetros de la época. El holandés Johan Cruyff se convirtió en un ídolo moderno, con sus cabellos desordenados y su aire desprendido, y los tulipanes tuvieron con él una década dorada. Pero en Alemania, al otro lado del río Rin, los traumas de la guerra también empezaban a desapare-

cer, recobrando el autoestima con el fútbol como aliado. Quizá motivados por el accionar de sus vecinos, Borussia Mönchengladbach apostó a un fútbol espectacular, mientras que Bayern Munich se apertrechó a la rigidez y al pragmatismo propio de la nación. Luego de que la democracia aniquilara al club de Ámsterdam, comandados por un tal Franz Beckenbauer, los bávaros recogieron el timón.

Si bien es cierto que la década fue comandada por teutones y neerlandeses, los ingleses aparecieron en el horizonte para iniciar una nueva etapa que le llevaría a obtener hasta seis trofeos de manera consecutiva, con un Liverpool que ilusionaba con el espíritu de Anfield Road y con un sorpresivo Nottingham Forest que rozó el infierno antes de labrarse un espacio en el firmamento.

## LA LATA DE LA DISCORDIA

Borussia Mönchengladbach encaró la Copa de Europa de 1971-72 con un equipo espléndido, que había prestado resistencia al Bayern Munich en el torneo local, y vaya que mostró su poderío en los primeros compases del certamen. En la primera instancia derrotó al Cork Hibs irlandés con un contundente resultado global de 7-1, pero en la siguiente fase se encontró con el Internazionale, un rival de mayor jerarquía.

El partido de ida, efectuado en Alemania, mostró a unos bávaros arrolladores. Los alemanes dominaban a placer y ganaban por 2-1, cuando el italiano Roberto Boninsegna se desplomó en el campo. El partido cayó en un trance de dudas y Sandro Mazzola se acercó al árbitro enseñándole una lata de Coca-Cola llena, que supuestamente había impactado en la cabeza del atacante.

Boninsegna salió en una camilla, pero sin ningún daño real aparente, y un aficionado fue arrestado. Pese a todo, el juez reanudó el compromiso. Los alemanes continuaron con su festín y los goles empezaron a caer uno tras otro hasta reflejar un contundente 7-1 que prácticamente garantizaba la clasificación germana. Sin embargo, tras el partido se complicó todo. Los italianos reclamaron el juego y los alemanes pidieron que mínimo se volviera a jugar desde el minuto en que aconteció el episodio y con el marcador reflejado en el momento. Lo más increíble fue que el equipo local pidió a cambio 6.600 marcos (unos 3.778 euros) y la televisora local se negó a retransmitir el compromiso, por lo que no había cámara presente que presentara alguna prueba para el coloso germano.

La justicia dictaminó que la eliminatoria tenía que repetirse, lo cual sucedió tiempo después pero con un resultado totalmente distinto. En esta ocasión, el cotejo de ida se efectuó en el Giuseppe Meazza, donde los interistas ganaron con marcador de 4-2 y la vuelta se hizo en Berlín ya que, tras los hechos, el equipo alemán también se quedó sin el derecho de jugar en su casa como parte del castigo. El cotejo finalizó 0-0 y el Internazionale avanzó en detrimento de un club alemán que había llegado a vapulear a sus contendores, eso sí, en un partido que no terminó valiendo por razones nunca esclarecidas. Netzer, Heynckes, Vogts y Bonhof se quedaron con las ganas.

## PUSKÁS, EL TÉCNICO

Se cansó de ganar la Copa de Europa como jugador, pero el inolvidable Ferenc Puskás quería seguir engrosando su palmarés. El que fuera un legendario futbolista del Real Madrid se sentaría en el banquillo del Panathinaikos de Grecia en 1971 para tratar de llevar a un club heleno por primera vez en su historia a una final continental, contando con el gol de visitante como mayor artilugio.

Tras superar al Slovan Bratislava en los octavos de final, los griegos encararon al Everton en la siguiente instancia. No hubo goles en Grecia, por lo que todo se resolvió en Inglaterra con una diana de su estrella, Antonis Antoniadis,

que puso el 1-1 definitivo en suelo inglés. Los goles fuera de casa daban su primer empujón.

En la semifinal, los yugoslavos del Estrella Roja golearon al club griego 4-1 en el juego de ida, disputado en Belgrado, y eso sin contar con el mítico Dragan Dzajic por una suspensión de la UEFA. Todos pensaban que la eliminatoria estaba decidida, pero en el partido de vuelta los helenos consiguieron una remontada épica. El partido terminó siendo una batalla campal, en la que los griegos golearon 3-0 a su contendor, clasificándose nuevamente por el valor del gol visitante. La celebración fue apoteósica en medio de un ambiente de tensión por cómo se había protagonizado la remontada, pero el sueño no duró mucho más. En el cotejo definitivo, el Ajax de Cruyff fue superior y se quedó con el triunfo por 2-0 para fustigar el sueño de Puskás.

Años más tarde, el mito húngaro volvió a tropezar con el futuro campeón de la Copa, aunque en esta ocasión sería contra el Notthingam Forest en octavos de final. Poco antes del partido de vuelta, Puskás salió al gramado a entrenar con los suyos. Dominó el balón con sabiduría y se puso a disparar contra su arquero, anotando todos los tantos como si el tiempo no hubiese transcurrido. La estrategia intimidatoria no funcionó, pero muchos fueron testigos de su talento. Al final, los ingleses se llevaron dos triunfos antes los helenos y Puskás no pudo saborear las mieles del éxito continental como entrenador.

## SIN MIEDO ESCÉNICO

Tras vencer 2-1 en la ida, el Ajax se hizo presente en el Bernabéu con la convicción de dar la estocada final. La afición madrileña esperaba agazapada en las gradas que existiera una remontada en la semifinal europea de la campaña 1972-73, sabiendo que el marcador así lo permitía, pero siendo consciente de que el club tulipán era muy superior en el plano deportivo, y así lo hizo saber a través de uno de sus exponentes: Gerrie Mühren.

El jugador recibió un balón en la mitad del campo, pero no ubicó a compañeros en la cercanía ni a rivales que le comprometieran. Ante esto hizo lo que haría un niño en el patio de su colegio: se puso a dominar el balón con pequeños toques sin miedo escénico, como si no fuesen miles las almas presentes. El Bernabéu en su éxtasis, aplaudió maravillado.

El duelo finalizó con triunfo por 1-0 del equipo holandés –gracias a un tanto de Mühren-, resultado que le llevó a su tercera final europea consecutiva, pero en el recuerdo de los presentes, quedó inmortalizado el gesto del futbolista. "Fue una expresión de superioridad. Fue el momento en que Ajax y Real Madrid cambiaron posiciones. Antes siempre era el gran Real Madrid y el pequeño Ajax. Cuando ellos me vieron haciendo eso, el balance cambió. Los jugadores del Real Madrid estaban mirando. Casi aplaudieron. El estadio se puso de pie", recordó en cuanto a la trascendencia de la jugada.

"Cuando yo era niño, veía al Real Madrid por televisión. Jugaba bien, con un fútbol ofensivo. Era mi sueño jugar buen fútbol contra Real Madrid de la misma manera que todos los oponentes soñaban jugar bien contra Ajax. Y más tarde, cuando crecí, jugué siete veces contra Real Madrid y gané las siete", explicaría posteriormente.

## ALWAYS CLOUGH

El multimillonario Sam Longson tuvo quizá el mejor acierto de su vida cuando fichó al excéntrico Brian Clough para que dirigiera al Derby County de sus amores. Y vaya que consiguió resultados importantes en el fútbol inglés, los que le permitieron disputar incluso una semifinal europea en la temporada 1972-73.

En dicha oportunidad, el club inglés se midió a Juventus de Turín, pero la polémica reinó en el ambiente luego de que el germano Helmut Haller, una de las figuras del club

italiano, fuese visto entrando al vestuario del juez, también de nacionalidad alemana, en el medio tiempo. Tras el incidente, Gemmil y McFarland, que estaban apercibidos de partidos anteriores, recibieron la cartulina amarilla que les impediría jugar el duelo de vuelta. Juventus ganó por 3-1, pero era solo el principio del conflicto. La tensión aumentó cuando en el partido de vuelta, Francisco Marques Lobo, árbitro portugués, denunció ante la UEFA que habían tratado de comprarle. Probablemente Clough, quien cumplía años ese día, pensó que esto podía ayudarle, sin embargo no fue así. Roger Davies fue expulsado, Alan Hinton falló un penalti y el Derby County igualó 0-0.

El técnico inglés no digirió la derrota con facilidad. "No voy a hablar de esos bastardos tramposos", adujo a los medios de comunicación mientras les recordaba a la nación italiana una supuesta falta de valor en la II Guerra Mundial. La eliminación caló hondo. Sam Longson trató de deshacerse de Clough y Peter Taylor, su asistente, generando una gran polémica en la ciudad. Hubo manifestaciones en la calle y los jugadores hicieron una carta respaldando al cuerpo técnico. Pero no pudo ser. El final del Derby de Clough había llegado en una semifinal continental.

## LA DEMOCRACIA ACABÓ CON EL MITO

El Ajax de Ámsterdam se presentó al concierto internacional con una exhibición de fútbol espectacular a principios de los 70, el cual le llevó a ganar la Copa tras vencer a Panathinaikos, Internazionale de Milán y Juventus en tres finales consecutivas de manera en 1971, 1972 y 1973, lo que le convirtió en un equipo mítico.

Tras el último cetro europeo, el club se reunió en De Lutten (Países Bajos) bajo las órdenes de George Knobel, nuevo entrenador de la entidad, quien llegaba tras sustituir a Kovács. La primera medida fue la elección de un capitán por votación popular, la cual terminó ganando Piet Keizer, en detrimento de Cruyff. Ante el hecho, la leyenda holandesa resolvió irse para el FC Barcelona, molesto por no ser elegido como líder del camerino.

Tras los sucesos saltaron a relucir muchas conjeturas. Hasta sus últimos días, Knobel sostuvo que la elección de un capitán era una tradición en el club. "Todos los años el capitán del Ajax era elegido por los jugadores sin la presencia del entrenador. Era la costumbre por muchos años. El asistente técnico, Bobby Haarms, me dijo que siempre era el mismo sistema", explicó al escritor David Winner en *Brilliant Orange*. Sin embargo, Gerrie Mühren, una de las figuras de ese Ajax, indicó con el tiempo que fue la única votación en sus nueve años en la institución, agregando que "si no hubiera habido una votación, (Cruyff) se hubiese quedado un par de años más". Lo cierto es que Johan se fue del club de sus amores y terminó un capítulo histórico. ¿Qué hubiese pasado en Europa si el holandés volador se hubiese quedado en el Ajax? Jamás se sabrá. Lo que es cierto es que Keizer volvió a ser el capitán del club ajacied, que el tulipán de oro se marchó al Barcelona y que el equipo holandés tardó 14 años en volver a obtener un título europeo al lograr la Recopa de Europa bajo la tutela de un viejo conocido que volvería a la capital de los Países Bajos ¿Quién era ese técnico? Johan Cruyff.

## LA BATALLA DE GLASGOW

Johnstone era casi indetenible. El extremo del Celtic de Glasgow era el arma principal de un equipo que buscaba colarse en la final de la Copa de Europa de 1974, frente al Atlético de Madrid, rey de España. Pero el estratega del club madrileño, Juan Carlos Lorenzo, tenía otros planes. Quería llevar a los suyos a su primera final continental y preparó todos los artilugios posibles para detener al escocés. Y lo logró, pero con un duro costo.

El juez turco Babacan mostró su rigurosidad en el cotejo de ida, efectuado en Glasgow, sacando numerosas tarjetas amarillas y hasta tres cartulinas rojas para los colchoneros.

Sin Ayala, Panadero Díaz y Quique, el club español pudo aguantar las embestidas del rival con épica hasta amarrar un 0-0 que supo a gloria. Ahí no quedó todo. Tras el partido hubo puñetazos y altercados que conmemoraron a la fecha como la Batalla de Glasgow. La cosa, sin embargo, no finalizó cuando Babacan señaló el cierre del partido, que los jugadores del Atlético celebraron como si fuese el mismo pase a la final. Una vez acabado el encuentro, hubo más empujones, golpes y encontronazos sobre el césped y, sobre todo, en el túnel de vestuarios. Si en el terreno de juego fue el Atlético quien se empleó con más dureza, fuera de él los rojiblancos sufrieron. La policía, según cuentan los jugadores, se puso del lado del equipo escocés. Hasta en el aeropuerto tuvieron que aguantar que les tiraran los pasaportes al suelo. Hasta que llegó el turno de Ovejero, que se plantó y le dijo al policía: "Recógelo". Tras unos minutos de tensión, el policía cedió, tal y como se cuenta en *Sentimiento Atlético*, explica Manuel Malagón en *Marca*.

El más férreo de los marcajes lo protagonizó Rubén Panadero Díaz, quien tras un partido duro en la Copa Intercontinental contra los escoceses años antes, cuando jugaba con la casaca de Racing, se ganó la fama de ser un jugador agresivo, al tal punto que la prensa británica se acordó antes del encuentro. Pero el jugador no se esforzó en limpiar su imagen, sino que se empleó a fondo para detener al talento del Celtic. "Me expulsaron porque le pegué una patada en las costillas a Johnstone, que me estaba dando un baile impresionante y me volvía loco", recordó posteriormente el Panadero Díaz al *Diario AS*.

Lo cierto es que Atlético de Madrid se impuso por 2-0 en el partido de vuelta, con goles de Adelardo y Gárate, y se clasificó a la final de la Copa contra Bayern Múnich. En esta ocasión no hubo tanto juego brusco, pero sí crueldad. El club colchonero estaba a un minuto de salir campeón cuando Schwarzenbeck empató el partido y forzó un cotejo de desempate, que terminó con triunfo bávaro de 4-0. Los madrileños habían estado muy cerca.

## AUSENTES PISTOLEROS

En 1974, el fútbol italiano descubrió a uno de los campeones más controversiales de todos los tiempos en el país. Lazio estaba dividido internamente por diversas ideologías políticas y sabiendo el entorno habitual de la ciudad eterna en dichos años, sus futbolistas se destacaban por llevar pistolas en su día a día, incluso en el camerino.

Sin embargo, pese a todos los problemas, el estratega Tommaso Maestrelli, cuyo dominio de vestuarios le hizo un espacio en la inmortalidad, llevó a que el conjunto capitalino ascendiera a la Primera División y que dos años más tarde saliera campeón de la máxima categoría. Todos querían ver al controversial club de la capital italiana en Europa, pero fue imposible.

El motivo se originó en una eliminatoria de la Copa UEFA contra el Ipswich Town inglés. Tras perder 4-0 en la ida, Lazio revivió con dos tantos en el primer tiempo de la vuelta y cuando Chinaglia estaba a punto de cantar el tercero, un zaguero irrumpió con una mano descarada que el juez omitió. No hubo penal, ni expulsión y por supuesto se desató el conflicto. Hubo una trifulca, agresión al árbitro e invasión al césped por parte de los simpatizantes. La UEFA vio esto con malos ojos y dictaminó el fin. El organismo continental suspendió al campeón de Italia de todas las competiciones europeas por un año, de tal modo que el anhelado debut en el máximo trofeo del Viejo Continente no se pudo consolidar. El doloroso castigo hizo que en la campaña de 1974-75 no hubiese ningún club italiano, algo insólito e inédito en la Copa de Europa.

No hubo revancha. Chinaglia se marchó poco después a Nueva York para hacer historia en el Cosmos, Maestrelli falleció por cáncer y Re Cecconi, otras de las luminarias,

falleció por un balazo en circunstancias pocos esclarecidos en la noche romana. La Lazio de las pistolas no había podido mostrar su gesta en el balompié continental y Europa lo lamentaba.

## CAMPEÓN DEL MUNDO  SIN PASAR POR EUROPA

La Copa Intercontinental, que gozó de gran prestigio en el siglo XX, enfrentaba a los campeones de la Copa de Europa y de la Copa Libertadores. Por eso, no muchos entienden cómo hubo hasta tres subcampeones del Viejo Continente europeos que lograron disputarla sin proclamarse en su terreno.

La rudeza con la que se jugaban los partidos, los cuales se efectuaban uno por continente, y el calendario forzado puso en jaque al torneo. Ajax declinó a jugarla en 1971 y 1973, dándole su puesto a Panathinaikos y Juventus. Por su parte Bayern Múnich, que derrotó al Atlético de Madrid en un juego de desempate en la Copa de Europa de 1974, le dio largas al asunto hasta que terminó de ceder, para que los españoles encararan a Independiente de Avellaneda, regente de América.

Atlético de Madrid sí aceptó jugar el torneo. Luis Aragonés, quien sustituía a Juan Carlos Lorenzo en la dirección técnica, asumió el reto para guiar al club colchonero a un triunfo sin precedentes. Independiente se impuso por 1-0 en la ida, mientras que el 10 de abril de 1975 los españoles doblegaron por 2-0 a los argentinos en el partido de vuelta, consagrándose como mejor club del mundo. De este modo, los rojiblancos se convertían en el primer equipo en salir campeón de la Copa Intercontinental sin haberse llevado la Copa de Europa.

## BARCELONA NO PUDO SER EL AJAX

Todos esperaban que la junta de Rinus Michels como entrenador y Johan Cruyff como baluarte en el campo hicieran del FC Barcelona un equipo inexpugnable y espectacular, tal como habían hecho en el Ajax de Ámsterdam. Los catalanes eran el rival a vencer en la edición de 1974-75.

Los azulgranas se encontraron con el Feyenoord en Rotterdam en un duelo que recogía el morbo de ser el regreso de Cruyff a su país, pero un diluvio portentoso amainó la fiesta y el fútbol de los dos equipos. "El agua ha salvado al Barcelona. Nosotros habíamos solicitado aplazar el partido", destacó Wiel Coerver, estratega de los tulipanes. Los catalanes habían salido vivos de los Países Bajos y encararon la vuelta con optimismo. Carles Rexach fue la figura con tres tantos y Johan Cruyff fue la manija con sus regates indetenibles, logrando que el Barcelona se llevara un holgado triunfo por 3-0, que les hizo más peligrosos que nunca y que le convirtieron en candidato.

En la siguiente ronda vapulearon al Åtvidabergs sueco con un global de 5-0, pero el rendimiento había disminuido, comparado incluso con el que llevaban en la Liga, donde hacía rato se habían despedido del título. No obstante, cuando llegó la semifinal contra Leeds, los catalanes continuaban siendo favoritos. La derrota por 2-1 en Inglaterra no encendió las alarmas, ya que la remontada en territorio español se visualizaba viable si Cruyff era Cruyff. Pero llegó la hecatombe. Un gol de Lorimer a los 7 minutos escureció el panorama en la Ciudad Condal y si bien Carles empató, no hubo hazaña. El Leeds de Jimmy Armfield era finalista de la Copa de Europa, mientras que Cruyff no estaría nunca tan cerca de ganar el trofeo como jugador del Barcelona.

Tendría que sacarse la espina como técnico muchos años más tarde.

## FALLOS ARBITRALES

"Seremos campeones de Europa. Nuestro secreto ha sido no perder la serenidad", había declarado el timonel Jimmy Armfield tras dejar en la cuneta al Barcelona y clasificar al Leeds a la final de la Copa de 1975, siendo el primer club inglés en lograrlo tras el éxito del Manchester United. Su rival sería el Bayern Múnich.

Motivado porque se cumplían los 20 años de la UEFA, el escenario de la fiesta sería la espectacular Paris. Sin embargo, la violencia se hizo presente en el terreno de juego y en las gradas, producto de algunas decisiones arbitrales que incomodaron a los británicos y que favorecieron a los alemanes.

Todo comenzó a los cinco minutos, cuando una dura entrada de Yorath a Anderson no fue sancionada debidamente. Esta situación calentó un partido que llegó a temperaturas impensadas cuando el árbitro principal, Michel Kitabdjian, no vio dos entradas de Beckenbauer que pudieron ser sentenciadas penal.

La tensión explotó cuando Lorimer anotó un gol que no subió al marcador injustificadamente, a lo que los aficionados ingleses respondieron provocando a la policía y arrojando objetos al terreno de juego que empañaron el espectáculo. La situación se agravó cuando Bayern marcó dos tantos que le dieron la Copa de Europa.

Leeds sufrió la derrota, pero recibió otro zarpazo días más tarde cuando la UEFA dictaminó que el club inglés no podría jugar en ninguna competición europea por los próximos cuatro años. Fue un duro golpe que terminó con el auge del conocido club británico.

## SORPRESA FATAL

PSV Eindhoven y Saint Étienne protagonizaban una semifinal inédita en la Copa de Europa de 1976, por lo que había que exprimir la imaginación para designar a un favorito para clasificarse a la final. Lo que sí era seguro es que los detalles inclinarían la balanza para uno u otro equipo, y que los holandeses gozaban con uno de los mejores cancerberos de Europa, Jan van Beveren, como punto distintivo.

Contrario a los que muchos pensaban, el marcador se abrió rápidamente luego de que Jean-Michel Larqué sorprendiera a Jan van Beveren con el lanzamiento de un tiro libre raso al palo del arquero. Un gol impensado por la paridad que se preveía. Sin embargo, el marcador no se volvió a mover. El golero holandés mostró su mejor cara en las siguientes jugadas y pese a no encajar más goles en los 176 minutos restantes, PSV no se clasificó. Los *Verts* se colaron en el duelo definitivo en detrimento de un club tulipán que contaba con un portero único que jamás llegó a disputar la final de la Copa de Europa.

## EL LOCO DEL BERNABÉU

La semifinal de la Copa de Europa de 1976 encontró por primera vez a dos de los gigantes del balompié europeo: Real Madrid y Bayern Múnich. El cotejo se calentó prontamente cuando el cancerbero alemán, Sepp Maier, disputó un balón aéreo con Roberto Martínez y le propinó un golpe que le rompió la nariz.

El duelo era tenso y los aficionados merengues se quejaban del arbitraje permisivo del austríaco Erich Linemayer, lo cual fue tomado en consideración por un entusiasta tras el silbatazo final. El compromiso quedó 1-1, pero el aficio-

nado se coló en el gramado, golpeó con un puñetazo al juez, agredió a Müller y fue neutralizado por Maier, quien pudo aguantarlo hasta la llegada de los oficiales de policía.

El Loco del Bernabéu quedó inmortalizado en la historia, aunque se dedicó a proteger su anonimato. En la vuelta, Amancio fue expulsado en su último duelo europeo oficial, los alemanes se impusieron 2-0 y se clasificaron a la siguiente instancia para levantar el trofeo. El Santiago Bernabéu fue suspendido y el Real Madrid tuvo que jugar sus próximos dos partidos de "local" en escenarios alternos, lejos del apoyo de su afición.

## POSTES CUADRADOS, VERSIÓN DOS

En la década de los 70, en algunos estadios de Europa, los postes continuaban siendo "cuadrados" y no "cilíndricos". Era como si lo ocurrido en la final de 1961 entre Barcelona y Benfica no hubiese sido conocido en todo el continente. Esto perjudicó a Saint-Étienne en el desarrollo de la final de la Copa de Europa de 1976 cuando encaró al Bayern Múnich en busca de una hazaña en el mítico Hampden Park de Glasgow.

Lo cierto es que Bathenay estrelló un balón en el larguero y Sarramagna, de cabeza, reventó una pelota al poste cinco minutos después. El gol era esquivo para los franceses, pero no para los germanos, quienes consiguieron desnivelar el marcador tras una combinación de Beckenbauer con Roth que culminó en el 1-0 definitivo. Bayern Múnich se consagró rey del Viejo Continente mientras que numerosos aficionados del Saint-Étienne se quedaron con las ganas y culparon a los postes "cuadrados" de su derrota, arguyendo que de haber sido "cilíndricos" los balones se hubiesen alojado en la red.

En el 2013, el club compró los arcos cuadrados para colocarlos en el Museo de la entidad por solo 20.000 euros. Roland Romeyer, presidente del club, justificó la adquisición. "Son un pequeño símbolo de esa final de 1976, que creó un vínculo emocional entre el pueblo francés y el A.S. Saint-Étienne". La herida no cicatrizará jamás.

## SUPERSUB

Es marzo de 1977 y Liverpool se encontraba al borde de una nueva decepción europea. Enfrentaba al Saint Étienne, último finalista de la competencia, que lucía como favorito. Bathenay había anotado el 1-0 en el cotejo de ida para los galos, y pese a que Kevin Keegan marcó el gol que igualó la eliminatoria en Anfield, nuevamente Bathenay se hizo presente en la pizarra. Liverpool estaba en problemas, ya que tenía que hacer dos goles si quería avanzar.

Cuando se acercaba la hora de partido, Keegan marcó otro tanto que hizo soñar en la remontada, pero el tercer gol no llegaba, por lo que buscando opciones en el banquillo, el timonel Bob Paisley se la jugó haciendo entrar al canterano David Fairclough. La experiencia no era el arma del joven jugador, sin embargo, su osadía dio resultados, consiguiendo un gol en los minutos finales que se les dio una clasificación tan épica como soñada. El héroe había sido un pequeño, hasta ese entonces casi desconocido, jugador que quedó inmortalizado en la historia.

"Yo viví el sueño. Crecí en las sombras de Anfield y, como muchos niños de Liverpudlian, quería jugar para el Liverpool, pero realmente no creía que fuera a suceder", señaló en su biografía, en la que relata cómo entró en los corazones de la hinchada más poderosa de Inglaterra. Dicho libro se llamó *Supersub*, por supuesto.

## ROMA, CIUDAD DE PAISLEY

Entre los valientes aliados que lucharon en la batalla de El Alamein para frenar a los alemanes en la II Guerra Mundial se destacaba un intrépido británico con lecciones de estrategias. Se llamaba Bob Paisley. Tras el triunfo en la

conocida batalla que le dio un golpe fulminante a los alemanes en el conflicto, Paisley fue enviado a Roma para participar en la liberación de la ciudad milenaria. Años más tarde haría historia como estratega, pero en un rectángulo verde, de uno de los equipos más afamados de Inglaterra: Liverpool.

Pero Paisley mezclaba la comedia con la realidad. "La última vez que estuve en Roma fue conduciendo un tanque para expulsar a los alemanes", dijo previo a la final de la Copa de 1977 en la que su amado Liverpool se enfrentaba al gigante alemán Borussia Mönchengladbach. El destino era cortés, dándole al célebre entrenador la posibilidad de regresar a la ciudad eterna para enfrentar al colosal equipo germano en una casualidad extraordinaria. El resultado final fue 3-1 y nuevamente Paisley triunfó contra los alemanes en Roma.

## CLOUGH Y SUS FICHAJES ESTRELLA

Pocos conocían al modesto Nottingham Forest, un club de la Segunda División del fútbol inglés que estuvo muy cerca de descender a tercera en la década de los 70. Sin embargo, cuando Brian Clough se hizo timonel de la institución en 1975, no solo evitó que el club bajara de categoría, sino que lo ascendió a la First Division (precursora de la Premier League).

Una vez instaurado en la élite del fútbol inglés, la hazaña continuó dándose al salir campeón por primera vez en su historia, lo que le dio el boleto a la Copa de Europa de la temporada 1978-79. Ya pensando en el torneo, Clough pidió fichar a Trevor Francis, talentoso jugador del Birmingham City, pero había un problema: la UEFA impedía que el jugador, que había costado un millón de libras, pudiese jugar en la competencia hasta la final. Así que si el mediapunta deseaba participar en el campeonato, sus compañeros debían llegar hasta el juego definitivo de Múnich. Y así fue. Nottingham Forest dio una sorpresa, se instauró hasta la final y venció a Malmö sueco 1-0 para levantar la Copa de Europa por primera vez en su historia. ¿Lo más increíble? El gol fue obra de Francis, quien hizo valer su fichaje en un solo partido.

Ahí no quedaban las hazañas de Nottingham Forest de Clough. Una temporada más tarde, en la 1979-80, volvieron a plantarse en la final, en la que enfrentarían al Hamburgo en el Santiago Bernabéu. Días antes del cotejo, Peter Shilton, mítico portero inglés que había llegado al club pocos años antes gracias al aval del estratega, se quejó del estado del gramado. El entrenador resolvió llevando al cancerbero a ejercitarse en la grama de una rotonda. El artilugio dio resultados. El club alemán no encajó goles y John Robertson marcó el único tanto del cotejo para darle a Nottingham Forest su segundo cetro europeo en una final en la que Francis no pudo jugar. Clough entraba en la historia del balompié británico y la entidad se convertía en el único club en tener más títulos europeos en sus vitrinas que ligas. El tiempo se encargaría de dilapidar el legado del equipo, convirtiéndolo en el primer club en ganar un torneo de esta naturaleza y bajar a la tercera categoría de su país.

## PODIO DE 1970-79

| Edición | Campeón | Subcampeón | Resultado final | Sede |
|---|---|---|---|---|
| 1969-70 | Feyenoord | Celtic Glasgow | 2-1 | Milán |
| 1970-71 | Ajax | Panathinaikos | 2-0 | Londres |
| 1971-72 | Ajax | Internazionale | 2-0 | Rotterdam |
| 1972-73 | Ajax | Juventus | 1-0 | Belgrado |
| 1973-74 | Bayern Munich | Atlético de Madrid | 1-1 (4-0 desempate) | Bruselas |
| 1974-75 | Bayern Munich | Leeds United | 2-0 | París |
| 1975-76 | Bayern Munich | Saint Étienne | 1-0 | Glasgow |

| 1976-77 | Liverpool | B. Mönchengladbach | 3-1 | Roma |
|---------|-----------|--------------------|-----|------|
| 1977-78 | Liverpool | Brujas | 1-0 | Londres |
| 1978-79 | Nottingham Forest | Malmö | 1-0 | Múnich |

# COPA DE EUROPA 1980-89: CIELO E INFIERNO INGLÉS

Inglaterra no era el corazón revolucionario de los apoteósicos 60. De la irreverencia de los Rolling Stones, The Beatles, Pink Floyd y otras puestas en escenas espléndidas, aparecía el crujir de las bombas por los conflictos con el IRA irlandés. El panorama orgulloso del imperio británico se convertía en un clima gris y en muchas ocasiones, sombrío. Pero su fútbol resoplaba con irreverencia para llenar los vacíos dejados por gigantes holandeses y teutones en la década anterior.

Fue así como en los 80, en una época de resurgimiento de la economía británica con el soporte de Margareth Thatcher, Nottingham Forest, Aston Villa y sobre todo Liverpool pisaron fuerte, destrozando a todos sus rivales y conquistando —con solo una excepción— todos los éxitos desde 1977 hasta 1984. Sin embargo, entre los gritos de júbilo, hubo espacio para el desencuentro, ya que inició el violento fenómeno conocido como hooliganismo. Los excesos cometidos por los fanáticos menos sociables llevaron a un desenlace funesto, que terminó afectando al país y sacudiendo los cimientos del fútbol británico en la final de 1985. La final de dicha edición terminó con la vida de 39 hinchas que habían ido a disfrutar de la coronación de Juventus contra los Reds, en Bruselas, y puso fin a la hegemonía de un fútbol que tuvo que adaptarse a sanciones y a vivir fuera de la élite por numerosas temporadas.

Sin los ingleses, Europa dio un giro inesperado tras los triunfos aislados de nuevas potencias como el Steaua Bucarest, FC Porto y PSV Eindhoven. Además, en Italia resurgió un gigante. Silvio Berlusconi fichó a Arrigo Sacchi, un estratega cuestionado por sus pocos pergaminos hasta la fecha, y a tres holandeses –Frank Rijkaard, Ruud Gullit y Marco Van Basten– para unirlos con una base sorprendente de jugadores italianos, entre los que destacaban Paolo Maldini, Franco Baresi y Alessandro Costacurta, y así regresar al AC Milan a la élite de la que jamás debió haber salido.

## KENNEDY, EN LA HISTORIA SIN QUERERLO

Alan Kennedy se convirtió en el héroe inesperado de Liverpool tras un fallo sorpresivo. En la final de 1981, los ingleses enfrentaron al Real Madrid en un partido cerrado, que solo pudo destrabarse en los minutos finales cuando García Cortés intentó despejar con fuerza un balón llevado por Kennedy, pero increíblemente, y de manera casi cruel, la pelota pasó y el jugador pudo anotar. "En la ducha me puse a llorar como un tonto debajo del agua para que nadie me viera", señaló posteriormente al periodista y exjugador Michael Robinson. El zaguero madridista aseguró que esa jugada influenció en su salida del equipo y que la cinta en la que había dejado grabando el partido la arrojó por la ventana.

Por su parte, el jugador del Liverpool recuerda la jugada: "Aquel gran central quiso sacarnos a mí y al balón del campo. De pronto me encuentro ante el portero y me digo a mí mismo: '¿Y ahora qué hago?' El portero se tiró a la izquierda y acabé escapando hacia los aficionados". Kennedy estaba destinado a hacer historia, algo que corroboró en la final de 1984, donde nuevamente fue figura, lanzando un penalti decisivo en una tanda en la que no esperaba tirar. "Joe Fagan apareció sin nada apuntado ni pensado y no sé por qué vino y me dijo: '¿Estás bien?' Y yo respondí que sí. No sabía que me estaba pidiendo que tirara un penalti. Poco después, Ronnie Whelan vino y me dijo: 'Mira, hay cuatro jugadores'. Y yo dije: '¿Quién es el quinto?'. 'Creo que eres tú, contestó".

## DEBUT Y CONSAGRACIÓN DESDE EL MINUTO 10

Similar a la historia de Nottingham Forest, en el horizonte europeo apareció el Aston Villa, un club histórico pero sin ribetes europeos que logró salir campeón en el fútbol inglés para jugar el torneo continental. Aprovechando su orden defensivo se plantó en la definición contra el todopoderoso Bayern Múnich en una de las finales, a priori, más disparejas.

En el cotejo definitivo de la edición de 1982, se dio una pésima noticia con la lesión del portero titular Jimmy Rimmer en el minuto 10. Obligados por la necesidad, el portero suplente Nigel Spink, quien con 23 años solo había jugado un partido en la élite, tuvo que ponerse los guantes para evitar la caída de su valla en una final europea. Los planetas se habían alineados, aunque no precisamente para apoyar al equipo inglés.

Lejos de lo que se hubiese podido pensar, Spink no cayó en pánico, dándoles seguridad a los jugadores de Tony Barton. Rummenigge, Breitner y compañía se estrellaron consecutivamente contra el golero. Después, Peter White anotó y Aston Villa se llevó un triunfo por 1-0, que le dio su primera Copa de Europa. Tras el cotejo, Spink se convirtió en leyenda del club inglés y además garantizó su permanencia en el arco, privilegio que tuvo por 14 temporadas más.

## EL TROFEO DE LA POLICÍA

Cuando Aston Villa se tituló campeón de Europa, la celebración no se hizo esperar. Por esto, los futbolistas acudie-

ron a un pub en la localidad de Tamworth, ubicado al norte de Birmingham en el cual los futbolistas llevaron la Copa para que los aficionados pudiesen tocarla y conocerla. Y entre tragos y fotografías, una noticia sacudió la noche. "Gordon (Cowans) y yo habíamos tomado algunos tragos. Estábamos distraídos viendo una emocionante partida de dardos cuando alguien nos avisó a gritos: "La Copa no está, os la han robado". El mundo se nos vino encima", recordaría 28 años más tarde Colin Wilson, futbolista del conjunto de Birmingham.

Tras esto, unos policías de Sheffield llamaron asegurando que la misma se encontraba en el maletero de un vehículo a casi 200 kilómetros de distancia. Tras ser recuperada, los efectivos policiales hicieron su peculiar celebración y no solamente se hicieron una foto con el trofeo, sino que mientras se completaban ciertos trámites, armaron un partido entre los policías, teniendo el ganador la posibilidad de obtener a "La orejona" por algunos minutos. Como otra nota curiosa, Adrian Reed, quien intentó robar la Copa, fue el encargado de hacer la foto de los policías con la reliquia.

## AUTÓGRAFO

Barcelona y Juventus se encontraban en instancias decisivas a mediados de los años 80, cuando en el Camp Nou, un joven recogepelotas se inventó una estratagema para conseguir el autógrafo de su ídolo: Michel Platini, de quien tenía afiches en la pared de su casa.

El joven de 10 años guardó un papel y un bolígrafo en su bolsillo, esperando el momento del calentamiento para poder solicitar la firma. Pero cuando vio a los jugadores del club transalpino salir al gramado, no visualizó a su ídolo. Estaban Boniek, Scirea y Laudrup, pero no Platini. El suceso le dio una lección de cara al futuro, la cual significaba que no todos los jugadores eran tratados de igual manera.

Años más tarde, el niño se convertiría en un jugador y entrenador de élite: se llama Josep Guardiola.

## ESTA VEZ SÍ

El 25 de mayo de 1983 debía ser una jornada histórica para el Hamburgo. El HSV se preparaba para disputar en Atenas una nueva final de Copa de Europa, en esta ocasión ante Juventus, que partía con amplio favoritismo. Pero la espina era muy honda, ya que los bávaros tenían muy presente la dolorosa derrota de tres años antes contra Nottingham Forest. Por esto, justo al pisar el césped, el capitán alemán Horst Hrubesch se dirigió a sus compañeros y estampó una arenga lapidaria: "¿Verdad que esta vez estamos aquí para levantar la Copa?".

Las palabras de Hrubesch dieron resultado. Los dirigidos por el mítico Ernst Happel vencieron a Juventus por 1-0, con un solitario gol de Felix Magath, y levantaron por primera vez la Copa de Europa. Hubo una sorpresa mayúscula. En esta ocasión, el club que partía como cenicienta del cotejo había conseguido la victoria, a diferencia de tres años antes, cuando no habían logrado plasmar su favoritismo en la cancha. Las palabras del capitán hicieron magia.

## ERNST HAPPEL

El austriaco Ernst Happel no entró a la historia por sus talentos para jugar al fútbol con el Rapid Viena, pero esto no mermó sus ambiciones, por lo que se hizo un espacio en el firmamento como estratega de talla mundial. Un puñado de títulos nacionales en distintos países no fue suficiente para sus anhelos, por lo que asaltó el plano europeo para conseguir un récord.

Happel ya había liderado al Feyenoord de Rotterdam para conseguir la primera Copa de Europa de la entidad en 1970, sin embargo ahí no terminó su ambición ya que el timonel tomó las riendas del Brujas belga con el objetivo de

convertirse en el primer entrenador en levantar el trofeo con dos instituciones distintas. Estuvo muy cerca, ya que sus dirigidos se plantaron en la final de 1978, aunque no pudieron consagrarse.

Pero en 1983 tuvo su revancha. El austríaco guio los destinos del Hamburgo que alcanzó el cotejo definitivo de la competencia y que se impuso a Juventus, lo que le convirtió en el primer timonel en ganar el trofeo con dos equipos distintos, una rareza en dichos años. Si bien con el tiempo otros lo alcanzarían, el austríaco fue el primero en lograrlo. Inmortalizado por sus compatriotas, el estadio de la capital de Austria pasó a tener su nombre.

## ARTILUGIOS DE VIOLA

El fútbol escocés ha dado mucho de hablar en el Viejo Continente, y vaya que en los años 80´ tuvieron un resurgir importante, contando con poderosos equipos que tuvieron buenas participaciones en Europa. Entre estos equipos se encontraba el Dundee United, el cual estaba cerca de alcanzar la final de la Copa en 1984, y no solamente por la instancia —semifinal—, sino por el resultado en el partido de ida, cuando fue capaz de someter a AS Roma con triunfo por 2-0.

Dino Viola era el presidente de AS Roma, amplio favorito de la llave, y no iba a ceder tan fácil en su afán de obtener la Copa de Europa bajo su gestión. Había fichado al legendario Nils Liedholm en la dirección técnica y había conformado un club talentoso que le debía dar réditos con Falcao, Bruno Conti, Franco Tancredi y Toninho Cerezo en el rectángulo verde. No quería que se le escapara la posibilidad, e intentó de todo. Tras el partido señaló que los jugadores del Dundee estaban dopados, acusación que no tuvo mayores repercusiones. Pero días antes de la vuelta, movió los hilos para ser favorecidos en Italia.

Viola consiguió un intermediario para pagarle 100.000.000 de liras al colegiado francés Michael Vautrot, tal como certificó posteriormente Riccardo, hijo del magnate, públicamente. El artilugio sirvió: Roma ganó 3-0 sobre el equipo "mandarina", con un penal dudoso y se clasificó a la final de su casa. Pero el escándalo no quedó ahí: la investigación arrojó a numerosos implicados.

"El presidente de la Federación Italiana de Fútbol, Federico Sordillo, se ha visto involucrado en el intento de soborno del colegiado francés que arbitró la semifinal de la Copa de Europa de la pasada temporada entre el Roma y el Dundee United. El senador Franco Evangelisti manifestó que está en condiciones de probar que Sordillo fue informado por el presidente del Roma, Dino Viola, sin que ordenara una investigación. A Viola se le acusa de haber entregado 100 millones de liras (10 millones de pesetas) a unos intermediarios para corromper al árbitro. El Roma ganó esa eliminatoria al vencer por 3-0 al Dundee United; en la ida había perdido 2-0", señaló *El País*, de España, cuando reseñó la noticia.

Al destaparse el escándalo, Paul Sturrock, estrella del Dundee, envió una misiva a Michel Platini en 2014, en esos años directivo de la UEFA, solicitando que se les entregaran las medallas de subcampeones. "No sospechamos durante el partido. Pensamos que el árbitro había estado bien. Podríamos haberle ganado al Liverpool. De hecho, creo que lo habríamos hecho por la forma en la que jugábamos en aquella época", señaló el futbolista.

## EL BAILE DE GROBBELAAR

La final de 1984 fue la primera en llegar a la tanda de penales y tuvo en el cancerbero del club británico, Bruce Grobbelaar, a su gran figura y no solamente por atajar los disparos. AS Roma y Liverpool igualaron 1-1 en los 90 minutos, en el Estadio Olímpico ante casi 70.000 personas, pero a la hora de ejecutar los disparos desde el punto fatí-

dico, los británicos no se amilanaron pese a estar jugando como visitante. El golero de los Reds se divirtió en el fatídico desenlace para conseguir el triunfo, simulando estar fuera de sus cabales.

Los italianos gozaban de ventaja en los lanzamientos, pero Grobbelaar se lo tomó con buen humor inglés. Primero simuló comerse unos espaguetis, plato típico italiano, con la red de la portería, lo que hizo que Conti errara su disparo, y luego, cuando el club inglés se puso en ventaja, bailó extrañamente, como si sus piernas perdieran el equilibrio para que Francesco Graziani también fallara su remate. Kennedy anotó y Grobbelaar vivió su jornada más recordada.

Tiempo después aseguró que tras haber vivido una guerra civil en su Zimbabue natal no se podía tomar el fútbol demasiado en serio. Sin duda sabía mucho de la vida y 70.000 almas no le iban a poner nervioso.

## COPA DE VENTA RÁPIDA

Tras ganar la Copa de Europa de 1984, Michael Robinson, quien había participado en la gesta del Liverpool contra la Roma, celebró en grande pese a que muchos pudieron ponerlo en duda tras los acontecimientos posteriores cuando, de manera impensable, el futuro periodista deportivo dejó el trofeo en el duty free del aeropuerto antes de llegar a festejar con los suyos.

"Lo que pasó es que pasamos aquella noche en Roma, y la 'orejona' es muy bonita y pesa y alguien tiene que cuidar de ella. Nos íbamos responsabilizado de la copa y cuando salimos del hotel le tocó al matrimonio Robinson. Estamos yendo a la sala de embarque y vi en una tienda la marca que fumaba mi madre, cogí un cartón de tabaco y me fui al avión. Y cuando llegué al avión me dice Graeme Souness, el capitán: "¿Y la Copa?". Y pegué el sprint más rápido que he pegado en mi vida. Imagina que llegas al aeropuerto de

Liverpool y no hay nada que enseñarle a la peña ", recordó posteriormente el legendario Michael Robinson.

## HEYSEL

El 29 de mayo de 1985 debía vivirse una jornada de ensueño en la final de la Copa de Europa que enfrentaba a Juventus de Turín contra el Liverpool de Inglaterra en el Estadio Heysel de Bruselas, Bélgica. Sin embargo, lo que ocurrió en el campo fue una auténtica pesadilla.

Pocas horas antes del inicio del compromiso iniciaron los problemas entre las aficiones, presuntamente instigados por la fracción inglesa que vivía el fenómeno de vándalos en el fútbol llamado hooliganismo. Los acontecimientos provocaron una avalancha que dejó a 39 fallecidos (34 italianos) y alrededor de 600 heridos.

Antes de iniciar el cotejo, Gaetano Scirea (Juventus) y Phil Neal (Liverpool), capitanes de ambos equipos, leyeron un comunicado llamando a la calma, pero ya era tarde. Pese a las posturas que llamaban a la suspensión, el duelo terminó efectuándose con más de una hora de retraso, llevando a la final más triste en la historia de la competencia. Michel Platini marcó desde el punto penal el único gol del partido y los transalpinos levantaron una Copa de Europa que sacudió los cimientos del fútbol europeo. Heysel no volvió a albergar una final europea bajo esa denominación, sino que se dedicó a acoger al atletismo hasta su refundación como Estadio Rey Balduino. Liverpool fue sancionado con 10 años sin poder participar, mientras que otros clubes británicos fueron expulsados cinco años de la competición.

## DESHIELO EN LOS PAÍSES NÓRDICOS

El frío escandinavo congeló a las potencias europeas con sus participaciones apoteósicas en los 80. No había temores particulares a la hora de encarar a los combinados de estas latitudes, pero tras el éxito del Malmö, equipo de

este país que alcanzó la final de 1979, el aviso fue claro. Muchos voltearon la mirada, pero ya era tarde.

Tras obtener la Copa UEFA a principios de la década, IFK Göteborg se aferró al sueño europeo en 1986. Los Vikingos no querían pasar desapercibidos en su incursión continental y así se lo hicieron saber al Trakia Plovdid, Fenerbahçe y Aberdeen antes de encontrarse contra el FC Barcelona en la semifinal.

El Martillo de Thor se hizo presente en el colosal Estadio Ullevi. "Ni el Gotebörg es amateur, ni me fío un pelo de ellos", señaló el timonel del conjunto catalán, Terry Venables. Eran amateurs con alma de profesionales, y se lo hicieron saber al Barça. Torbjörn Nilsson, cocinero de una fábrica de cervezas, y Holmgren hicieron desastres para asestar un 3-0 que hacía pensar en el milagro de la final. "Tanto la televisión sueca como la española y la catalana realizaron programas especiales comparando las vidas de los jugadores de ambos equipos. Hicieron reportajes sobre Tord Holmgren, que era fontanero, y Johnny Ekström, que trabajaba en un almacén. También visitaron a la estrella del IFK, Torbjörn Nilsson, que era cocinero en una fábrica de cerveza. A los seguidores del Göteborg, todo esto nos hizo sentir muy orgullosos e identificados con nuestro equipo", recuerda Carl Pontus Hjorthén, director del documental *Los últimos proletarios del fútbol*, que narra la hazaña.

En el Camp Nou, Urruti evitó que el golpe fuese mayor. El portero del FC Barcelona evitó la consolidación de la debacle con algunas atajadas y le dio vida al club de casa. Pichi Alonso adelantó a los catalanes a los 10 minutos, y en la segunda parte marcó el segundo tanto que hizo soñar en la remontada. Ya cuando quedaban 25 minutos para que finalizara el cotejo, un centro de Carrasco reposó en un cabezazo de Pichi, que certificó el tercero. Hubo prórroga y tanda de penales.

En la definición desde el punto fatídico hubo otra remontada. Carrasco falló y el marcador se puso 4-2, por lo que el Barcelona necesitaba de dos tantos y que Göteborg no anotara en el siguiente para seguir con oportunidades de acceder a la final. Calderé marcó para los azulgranas y Urruti, nuevamente figura atajó, el intento de Nilsson. El Camp Nou estalló de júbilo, pero el guardavalla hizo un ademán de que sostuvieran la calma, ya que todavía quedaba un lanzamiento para igualar la eliminatoria. El cobro lo hizo el propio golero, quien anotó para darle alas al equipo de la ciudad Condal. El mensaje era claro: por muy bien que jugaran los amateurs, los profesionales tenían una pequeña ventaja en los momentos determinantes, y así fue. Mordt erró y Víctor Muñoz colocó el tanto de la clasificación. Con épica, el FC Barcelona se coló en la final continental.

Göteborg sorprendió con su capacidad de llegar tan lejos pese a tener jugadores semiprofesionales, sin embargo, no fue el único caso. Otros escandinavos aparecieron tajantes en dicha competición: el Kuusysi de Finlandia, equipo que llegó hasta los cuartos de final, donde encontró resistencia en el Aberdeen. La hazaña llegó incluso a que el club mantuviese su valla imbatible hasta el minuto 87 del cotejo. Los escandinavos sabían jugar y lo hacían sin importar si eran o no profesionales.

## EL HÉROE DE SEVILLA

La final de la Copa de Europa de 1986 se saldó con una tanda de penales que no se destacó precisamente por la capacidad de los jugadores para disparar. Steaua Bucarest enfrentó al FC Barcelona en el Sánchez Pizjuán de Sevilla, ciudad en la que los españoles se sentían como local, y tras igualar sin goles en el tiempo reglamentario, se llevó el triunfo por un escueto 2-0 en los lanzamientos, producto a la participación estelar de su golero, que les convirtió en el primer equipo de Europa del Este en levantar el trofeo más preciado.

El portero Helmuth Duckadam atajó los remates de Alexanco, Pedraza, Pichi Alonso y Marcos para ser valorado

como el Héroe de Sevilla, demostrando que no siempre es una ventaja disparar desde el tiro penal ante su público. Pese a la alegría, la participación europea del portero rumano tuvo consecuencias.

Pocas semanas después del partido sufrió una trombosis que le apartó del fútbol y algunos medios especularon que el auténtico motivo de su retirada fue que la *Securitate*, policía política de la dictadura comunista, le rompió las manos tras negarse a regalarle al hijo del presidente Nicolae Ceausescu un Mercedes Benz, recibido por Ramón Mendoza, presidente del Real Madrid, por su accionar en la final. El jugador desmintió la historia, pero sí reconoció no llevarse bien con el personaje, y señaló que el único beneficio recibido habían sido 200 dólares y un automóvil marca Dacia que le había dado el régimen. Los acontecimientos de esta historia nunca quedaron totalmente aclarados, pero, sin duda, el golero no se hizo millonario y tuvo que apartarse del fútbol por un tiempo.

Si bien la historia de Duckadam fue la más sonada de la final, otro que tuvo un momento particular fue el genial Victor Piţurcă. El artillero rumano cumplió 30 años en aquella jornada, aunque lo olvidó en el vértigo del partido. "Honestamente no tenía en mente celebrar mi cumpleaños en el terreno de juego. Estaba totalmente centrado en el partido, pero ahora que lo menciona, tiene razón. Pero ¿cómo podía estar pensando en mi cumpleaños en un momento como ese?", relató a la UEFA años más tarde.

## 1.000 AFICIONADOS

Temiendo una desbandada a occidente, el gobierno rumano quiso controlar a los aficionados que asistirían a la final de la Copa de Europa en la que participaría el Steaua Bucarest. Por esto, la dirigencia solo autorizó a que 1.000 rumanos viajaran a Sevilla para ver la final de Copa contra Barcelona, lo que les dejaba en clara desventaja en el entorno.

Los catalanes se sentían locales en el Sánchez Pizjuán, con el apoyo de casi 60.000 hinchas. Tras el partido, los hinchas del Barcelona se marcharon rápidamente, por lo que los jugadores del Steaua celebraron prácticamente en solitario.

Tres años más tarde, Steaua regresó a una final continental, pero las restricciones continuaban. Los rumanos tenían a un equipo poderoso, renovado con el talentoso Gheorghe Hagi, pero no pudieron ante Milan. En esta ocasión, fueron los lombardos quienes se aprovecharon para llenar el estadio a su antojo.

## EL PISOTÓN DE JUANITO

El concepto de la Furia Española encarnó en Juanito. El jugador del Real Madrid, negado a perder, se lo tomó muy en serio cuando atacó a Lottar Matthäus en la semifinal de la Copa de Europa de 1987, con unos soberbios pisotones.

"Le comenté a Andy Brehme que en el primer instante pensaba que Juanito quería matarme", explicó el jugador años más tarde. "Se jugó la ida de Múnich y ganábamos por 3-0. Tan solo el marcador hería su gran orgullo español. Además, se sentían desfavorecidos por el colegiado. Anteriormente había marcado de penalti y cometí una falta a Chendo en el centro del campo, a lo que éste me tiró de un empujón. Estaba tendido sobre el césped, por lo que no vi la carrera de diez metros que dio Juanito hacia mí. Lo primero que siento es la patada en la espalda. Y después de revolverme de tanto dolor, me pisó con los tacos fuertemente en el cuello y la oreja", explicó en el rotativo Sport Bild.

"Mi Yo irracional ha podido más que mi Yo racional y he cometido una torpeza de la que estoy arrepentido", explicó Juanito a la televisión, aunque no fue suficiente. El jugador fue sancionado con cinco años de suspensión en competiciones europeas, aunque la tragedia se cruzó en

su camino: falleció en un accidente de tránsito pocos años más tarde. El madridista quedó inmortalizado en la historia del Real Madrid, siendo recordado en todos los partidos por el Bernabéu por su entrega. "Juanito representaba el espíritu luchador del Real como pocos", reconoció el alemán posteriormente.

## 10 CIGARRILLOS

Tras imponerse 4-1 en el partido de ida de la semifinal de la Copa de Europa, Bayern Múnich partía con ventaja al Santiago Bernabéu para sellar la clasificación a la final del certamen. Sin embargo, el duelo se tornó en un desafío terrorífico, lleno de polémica y ansiedad.

Todo parecía encarrilado, pero el estadio de la capital española se hizo un hervidero. Hubo episodios de agresión por parte de los aficionados merengues contra los germanos, en especial con el golero Jean Marie Pfaff. Y como si no fuese suficiente, Klaus Augenthaler fue expulsado a la media hora del partido por una agresión contra Hugo Sánchez. Mientras se retiraba a las duchas, el defensor hizo unos "cuernos" con las manos para provocar al público.

El duelo terminó 1-0 a favor del Real Madrid, pero entregó la clasificación a los alemanes. Sin embargo, con el tiempo, Augenthaler recordó el suplicio. Dice que incluso se fumó 10 cigarrillos para aliviar la tensión. "Solo escuchaba los rugidos del estadio. Era horrible, sonaba como un avión a punto de despegar. Cada ocasión de ellos me parecía que había sido gol".

## CUANDO EL BERNABÉU NO VIO A MARADONA

Tras los excesos ocurridos en la temporada anterior contra Bayern Múnich, el Real Madrid no pudo gozar de un Santiago Bernabéu repleto contra el Napoli de Diego Maradona, el mejor jugador del mundo. La sanción estipulaba que el duelo se jugara a puerta cerrada y que los aficionados merengues no pudiesen ver al soberbio Barrilete Cósmico que había encandilado al mundo un año antes en México.

El duelo terminó 2-0 para los de la capital española, pero no hubo gritos de celebración desde las gradas. Sin embargo, José Antonio Camacho hizo el trabajo de motivación, tal como recordó Míchel en el *Diario AS*: "¿Que no tuvimos afición esa noche? Eso es falso. En nuestro banquillo estaba Camacho, que se pasó el partido pegando gritos por valor de 6.000 hinchas. ¡Qué barbaridad! A Beenhakker (DT del equipo) y al resto de suplentes los dejó con los tímpanos destrozados. José era una máquina animando".

El partido de vuelta culminó con marcador de 1-1 y se clasificó el Real Madrid. Diego pudo jugar la Copa de Europa en una ocasión más, en la campaña 1990-91. En dicha ocasión, Napoli se deshizo del Újpest, de Hungría, y en los octavos de final fue eliminado en la vía de los penales por Spartak de Moscú tras igualar 0-0 en los dos cotejos. En la vuelta, Maradona ingresó de recambio debido a una molestia muscular, y pese a que anotó en la tanda, un compañero falló.

El jugador más nunca disputó la competencia de clubes más importante del Viejo Continente. Sin embargo, en su autobiografía recordó el episodio contra el Madrid: "Tuvimos que jugar a puertas cerradas en el Bernabéu el partido de ida, y para el de vuelta, la gente se enloqueció, parecía que todos los napolitanos del mundo querían estar en el San Paolo: recaudamos cuatro millones de dólares –que con la reventa y todo, al mejor estilo napolitano, serían siete u ocho, en realidad– pero el club no los usó y perdimos

la gran oportunidad de hacer un Napoli grande, grande, grande ".

## UN MADJER DE LA VENGANZA

Rabah Madjer fue la pieza angular de la selección de Argelia que disputó la Copa del Mundo de España en 1982. El jugador no pudo hacer nada para evitar la eliminación de su equipo: Alemania marcó un gol a los 10 minutos contra Austria, que metía a las dos oncenas europeas en la siguiente fase, y empezaron a dejar que el partido transcurriera sin mayores incidencias para perjudicar a los africanos. El que fuera uno de los episodios más bochornosos en la historia de los mundiales tendría cierta revancha en la Copa de Europa de cinco años más tarde.

En la final del torneo de clubes, FC Porto se encontró con el Bayern Múnich en la final de Viena, contando con Madjer en su plantel. El argelino se quería tomar cierta revancha por lo acontecido en El Molinón pocos años antes y cuando pudo tomó el balón, miró hacia el arco y convirtió el gol con un soberbio "taconazo", siendo valorado por muchos como el mejor tanto en una final del torneo (años más tarde Zinedine Zidane hizo un tanto contra Leverkusen que le disputó el podio).

Tras el gol, muchos llamaron a los tantos hechos con el tacón como "un Madjer", y O Rei Pelé se deshizo en elogios, aunque con una pequeña crítica: "Pudo haber sido el mejor gol que yo haya visto, si él (Madjer) no hubiera mirado hacia atrás". Sin embargo, para la nación del norte de África, el gol fue valorado como una venganza. Hubo festejos, y cada vez que se recuerda algún aspecto de la rivalidad entre Argelia y Alemania, el tanto de Madjer sale a relucir como un punto alto. Pese a todo, no fue el único gol que se le recuerda al atacante. "Dos meses después lo hice otra vez, he marcado con un taconazo mejor cuando le ganamos a Belenenses por 7-1 en la liga", aseguró.

## TÍTULO SIN VICTORIAS

Ningún equipo podía imaginar en su sano juicio que el PSV Eindhoven se proclamara como el mejor equipo de Europa en 1988. El Napoli de Maradona; FC Bayern Múnich, rey alemán y vigente subcampeón; Dinamo de Kiev, campeón de la Recopa de Europa de 1986, y el Real Madrid de la "Quinta del Buitre", dominador absoluto de España, se mostraban como algunos de los favoritos.

Sin embargo, Guus Hiddink, que había arribado al banquillo del club del sur de Holanda, no se amilanó pese a perder a Ruud Gullit, su mejor jugador. Se apoyó en el líbero Ronald Koeman, que daba sus primeros pasos; en Gerald Vanenburg, exquisito mediocampista ofensivo; en el portentoso cancerbero Hans Van Breukelen y en los atacantes Gillhaus y Wim Kieft para romper desafíos. Eso sí, sin ganar los partidos.

Desde que derrotó a Rapid de Viena en los octavos de final, el club tulipán no volvió a ganar en la edición de la competencia. Su estilo defensivo, impropio de un club holandés, rompió paradigmas y encumbró la carrera de muchos de sus jugadores, que se terminaron consolidando en Europa.

El camino fue increíble, contando con el gol fuera de casa como principal aliado. Primero, se deshizo del Girondins de Burdeos tras igualar 1-1 en Francia y 0-0 en los Países Bajos, para luego solventar una eliminatoria increíble contra Real Madrid. Hugo Sánchez anotó de penal en el Bernabéu, pero Edward Linskens no se amilanó y empató con un tímido remate que sorprendió al golero Paco Buyo. Luego de que en el duelo de vuelta Butragueño y Míchel fallaran ocasiones para el club hispano ante un Van Breukelen inexpugnable, y que Vanenburg errara sorprendentemente

a puerta vacía, el equipo holandés obtuvo un empate sin goles que le otorgó el pase al duelo decisivo.

Acumulaba cuatro duelos sin ganar, pero estaba en la final. Y no defraudó. El último partido fue contra Benfica. El marcador no se movió hasta en la tanda de los penales. En esta ocasión, Van Breukelen le atajó un disparo a Veloso y le dio el título al PSV, que levantó su primera Copa de Europa. Los de Hiddink habían conseguido una hazaña increíble: lograr el trofeo más preciado sin ganar uno de sus últimos cinco partidos. Meses más tarde no tuvo la misma suerte, disputó la Copa Intercontinental contra Nacional de Montevideo y volvió a igualar. Sin embargo, los penales no fueron benévolos en esta ocasión. "Paradójicamente, en el año en el que fue campeón de Europa no ganó ningún partido por ese torneo. Fiel a su costumbre, la final contra Benfica volvió a ser un empate", recuerda *El Gráfico*.

## EL KV MECHELEN

John Cordier, conocido magnate de la electrónica en Bélgica, ya había probado las mieles del éxito en el sector empresarial, por lo que quería más. Insaciable en sus anhelos, el empresario compró al KV Mechelen, un modesto club de su país, y trabajó arduamente para llevarlo al firmamento europeo. Su meta era lograr que, bajo su gestión, un equipo del país consiguiera la Copa de Europa por primera vez.

De la mano del estratega holandés Aad de Mos, el club unió a un jovencísimo Marc Wilmonts, al zaguero Lei Clijsters —padre de la famosa tenista Kim- y al cancerbero Michel Preud´Homme junto a un puñado de los mejores jugadores del país y de otras latitudes que le dio réditos. Los logros aparecieron: en 1988 vencieron al Ajax en la final de la Recopa, gracias a un tanto marcado por Piet Den Boer, y posteriormente se impusieron al PSV Eindhoven holandés para consagrarse campeones de la Supercopa en una participación espectacular de John Bosman, quien anotó dos de los tantos de la eliminatoria. Pero entre ceja y ceja se visualizaba la Copa de Europa.

Todo inició bien, eliminando a Rosenborg y Malmö a primera instancia, pero el destino quiso que tuviese un duro examen al encontrarse al AC Milan en la etapa de cuartos de final de la temporada 1989-90. Fue una eliminatoria pareja en la que los dos equipos igualaron sin tantos tras 120 minutos de desgaste. En la prórroga, el club belga se quedó con uno menos por la expulsión de Clijsters, y el gigante transalpino aprovechó para hacer de las suyas con goles de Van Basten y Marco Simone. El partido terminó 2-0 y el KV Mechelen nunca pudo obtener la Orejona. Poco tiempo después, el club entró en una difícil crisis económica y Cordier se vio obligado a vender a sus figuras. No tardaría mucho para que el club quedara en bancarrota y acabara con las intenciones del equipo más importante de Bélgica en muchos años. Tras la debacle, ningún combinado del país llegó a levantar un cetro internacional en el siglo, ni mucho menos la Copa de Europa.

## NIEBLA TRANSALPINA

¿Qué hubiese sido del fútbol europeo de los 80 sin la gesta del AC Milan en noviembre de 1988? Nadie lo sabe. Lo cierto es que la leyenda del club italiano inició en un cotejo de octavos de final de la Copa de Europa contra Estrella Roja, en Belgrado. Los dirigidos por Arrigo Sacchi contaban en el plantel con el trío de holandeses conformado por Frank Rijkaard, Ruud Gullit y Marco Van Basten, que aunado a Franco Baresi, Paolo Maldini y Alessandro Costacurta, entre otros, conformaban un plantel endemoniado.

El duelo de ida, disputado en Italia, finalizó 1-1, pero fue en el partido de vuelta donde se erigió la leyenda. Estrella Roja dominaba a placer y encarrilaba la eliminatoria. Un tanto de Savicevic marcaba la diferencia en el marcador y las expulsiones de Virdis y Ancelotti dejaban al club de Belgrado con una clara superioridad numérica en la can-

cha. Parecía cuestión de tiempo para que el club yugoslavo eliminara al club transalpino, pero al minuto 65 llegó un milagro. Una niebla espesa que invadió el terreno impidió la correcta visibilidad y el árbitro suspendió el partido. "Admito que nos ha echado una mano", llegó a declarar Franco Baresi sobre el incidente.

Lo cierto es que no hubo reanudación, sino que se reprogramó el partido desde cero, sin goles y en el que los italianos iniciarían con los 11 jugadores. El partido finalizó 1-1, se fue a penales y AC Milan pasó de ronda para volver a situarse en etapas decisivas. El club lombardo lo aprovechó de la mejor manera. Superó a Werder Bremen, humilló al Real Madrid con un 5-0 inolvidable y destrozó 4-0 al Steaua Bucarest en la final de la campaña 1988-89. El club pasaría a la historia por su espectacularidad, pero no podía ignorar que todo había comenzado en Belgrado, con mucha suerte y excesiva niebla.

En la eliminatoria, aconteció otro hecho inaudito. Corría el minuto 88 en Belgrado. El partido entre Estrella Roja y AC Milan era de alta intensidad, lo que quedó demostrado en un balón aéreo que fue disputado por Roberto Donadoni, una de las figuras transalpinas, y Goran Vasilijevic, quien hacía vida en el cuadro yugoslavo.

Tras el choque, Vasilijevic se incorporó sin mayores contratiempos, pero el italiano no lo hizo, por lo que los jugadores empezaron a llamar con alarmas a los banquillos. Y ahí apareció el héroe. Branislav Nesovic, médico del Estrella Roja de Belgrado, rompió la mandíbula de la leyenda para evitar un desenlace mortal. "Si una persona sufre un shock muy fuerte, la asfixia es, muy a menudo, un peligro inmediato. Intenté liberar su lengua, pero no pude hacerlo. Entonces cogí su mandíbula y la rompí, utilizando la fuerza bruta, y le saqué la lengua de su garganta", explicó el médico.

## UN PRÍNCIPE EN EUROPA

El fútbol francés tuvo el privilegio de disfrutar de la visión espléndida, juego elegante y delicadeza en las definiciones de Enzo Francescoli. Y es que tras despuntar en Suramérica, firmó con el Racing de París y tuvo que amenazar a una dirigencia, que se resistía a venderlo, para poderse marchar a un grande: al Olympique Marsella en 1989.

En el Velódromo marcó una etapa en su única temporada, la cual adornó con la espectacular cifra de 11 tantos en 28 partidos. Francescoli fue por el sueño europeo, teniendo una actuación sobresaliente contra el CSKA Sofía en la etapa de cuartos de final. En dicha ocasión, los franceses eliminaron a los búlgaros, que tenían en sus filas a Hristo Stoichkov y Emil Kostadinov, y se clasificaron a la semifinal contra Benfica. Ante los lusos terminó el sueño continental y Enzo más nunca jugó en la Copa de Europa.

El tiempo le hizo figura en River Plate, club en el que ganó la Copa Libertadores en 1996, resultado que le puso frente a Juventus, que llegaba tras levantar el cetro europeo, en la Copa Intercontinental. Ahí pudo jugar contra un joven que le admiraba y que se terminó convirtiendo en uno de los máximos ganadores en la legendaria Champions League, Zinedine Zidane. Tal fue la devoción del francés, que llamó a uno de sus hijos, Enzo. Al Príncipe le había bastado un año en Olympique para enamorar a uno de los más grandes, pero no para obtener la Copa de Europa. Había quedado muy cerca.

## MILAN ATERRADOR

En la semifinal de 1989, Milán bailó al Real Madrid y se consolidó rey de Europa. Tras empatar 1-1 en el Santiago Bernabéu, los dirigidos por el mítico Arrigo Sacchi vapulea-

ron 5-0 a los españoles en San Siro, con tantos de Ancelotti, Donadoni, Rijkaard, Gullit y Van Basten para clasificarse a la final del Camp Nou contra Steaua Bucarest.

"Me acuerdo que los jugadores del Real Madrid gritaban en el vestuario. Berlusconi (presidente del AC Milan) me preguntó: ´¿Por qué nosotros no gritamos?´. 'Porque ellos gritan del miedo', respondí", rememora Sacchi en *Informe Robinson*. Entre los artilugios para ganar el partido, el timonel también buscó intimidar con el portentoso Ruud Gullit, quien debía salir primero hacia el campo mirando fijamente a los ojos de cada uno de sus rivales. Ya estando en el césped, su entrenador le preguntó cuántos merengues habían bajado la cabeza, y la respuesta del holandés fue tajante: "Todos menos uno". El único en no asustarse ante la fiereza del tulipán fue Hugo Sánchez.

La lluvia previa no amilanó al rival, y el único que paró la velocidad rossonera fue el árbitro, quien olvidó efectuar el minuto de silencio por los fallecidos en la Tragedia de Hillsborough poco tiempo antes. Debido a esto, el juez detuvo el cotejo a los dos minutos para rememorar a las víctimas. Después del homenaje, Milan se convirtió en una pesadilla, humilló al Real Madrid y se encarriló a otro título para marcar una era dorada.

## PODIO DE 1980-89

| Edición | Campeón | Subcampeón | Resultado final | Sede |
|---|---|---|---|---|
| 1979-80 | Nottingham Forest | Hamburgo | 1-0 | Madrid |
| 1980-81 | Liverpool | Real Madrid | 1-0 | París |
| 1981-82 | Aston Villa | Bayern Munich | 1-0 | Rotterdam |
| 1982-83 | Hamburgo | Juventus | 1-0 | Atenas |
| 1983-84 | Liverpool | Roma | 1-1 (5-3 penales) | Roma |
| 1984-85 | Juventus | Liverpool | 1-0 | Bruselas |
| 1985-86 | Steaua Bucarest | Barcelona | 0-0 (2-0 penales) | Sevilla |
| 1986-87 | Porto | Bayern Munich | 2-1 | Viena |
| 1987-88 | PSV Eindhoven | Benfica | 0-0 (6-5 penales) | Stuttgart |
| 1988-89 | AC Milan | Steaua Bucarest | 4-0 | Camp Nou |

# COPA DE EUROPA 1990-99: LA DEMOCRATIZACIÓN DE EUROPA

Llegaron tiempos de transición en los indomables años 90. La caída de los ladrillos del muro de Berlín le asestaron un golpe definitivo a una parte de la vieja Europa en tiempos en los que Estrella Roja, como si se tratara de una señal de cambio, levantaba su primera Copa de Europa, poco antes que una guerra terminara con la existencia de Yugoslavia como un país unido. Finalizaba la Unión Soviética y la modernidad se hacía presente en la cotidianidad y en el fútbol innovando cambios de formatos, de participantes y de estructuras económicas. Tras los embates de Heysel, el show hacía de las suyas, entendiendo el negocio que significaba el deporte rey en los grandes escenarios y en espectaculares noches europeas. La llegada de la televisión por cable, el fracaso del modelo soviético y el auge de los emporios deportivos se conjugaron para dar inicio a la competición reconfigurada, rentabilizando más partidos, cambiando los calendarios y multiplicando la cantidad de participantes. El 25 de noviembre de 1992, bajo el espectacular himno inspirado en las tonadas de la obra de Handel, "Zadok, The Priest", daba su puntapié inicial, la espectacular Liga de Campeones (UEFA Champions League) con cuatro partidos.

En los albores del espectáculo como parte preponderante de la competencia, Olympique Marsella le dio el primer trofeo a Francia, FC Barcelona enamoró con su *Dream Team* y el Borussia Dortmund demostró que los éxitos germanos no solo pertenecían al Bayern Múnich. Pero también rieron otras instituciones históricas, desempolvando el gen del éxito que se había extraviado. Real Madrid puso fin a una larga espera al obtener su séptima Copa de Europa, Milan dinamitó al emporio catalán en una de sus tantas finales, Juventus fue nuevamente la *Vecchia Signora* disputando tres finales consecutivas y el Ajax de Ámsterdam de Louis Van Gaal maravilló con un equipo indestructible en lo deportivo, pero que tuvo que ceder ante los embates de una modernidad que abrió los mercados con la Sentencia Bosman, la cual transformó al fútbol europeo para siempre. Una década tan inolvidable no podía irse sin un cierre tan esplendoroso como digno, y vaya que cumplió. En el Camp Nou de Barcelona, escenario que fuese casa del Barcelona de Johan Cruyff, uno de los equipos de la década, Manchester United protagonizó una remontada histórica e inolvidable contra el Barcelona que despidió el milenio por todo lo alto.

## ZAR SIN AVIÓN

Cuando el 7 de noviembre de 1990, Spartak de Moscú se preparó para enfrentar a Napoli en el Estadio CS VI Lenin de la capital soviética, hubo más de 300 mil solicitudes de tickets para ver a Diego Maradona. "Solo" entraron 102.000 aficionados que querían ver al astro del fútbol mundial y que terminarían viendo la consagración de otro futbolista sensacional.

Lo cierto es que Maradona no salió titular y que llegó ese día por medio de un avión privado. Aleksandr Mostovoi, figura del conjunto soviético, cuenta que esto último sorprendió a los futbolistas del conjunto ruso. "En aquel tiempo, que nos contaran a nosotros, que vivíamos en un sistema comunista, que había un jugador que viajaba en avión privado, cuando a veces no teníamos ni buenos guantes para los porteros. Cuando nos lo explicaron, yo pregunté que qué era eso de un avión privado, sencillamente no lo podía entender", relataría años más tarde.

Lo cierto es que el héroe de la eliminatoria sería el propio Mostovoi, no un Maradona que ingresó al minuto 64 en lugar del célebre Gianfranco Zola. Al final del compromiso, el 0-0 llevó a una tanda de penales memorables en la que el jugador esperaba no tirar. "Nos llamó Romántsev (entrenador) y nos preguntó que quién iba a tirar. Yo pedí ser el último porque pensaba que así me libraría y la tanda se resolvería antes de que me tocara. Nadie estuvo en contra pero lo que acabó pasando es que mi último penalti acabó siendo el decisivo. Nosotros marcamos cuatro y un defensa suyo falló. Luego tira Maradona, marca y ahí me tienes a mí, el último. Estábamos en el centro del campo esperando y me quedé solo. Fui andando al punto de penalti y no sé qué me pasó por la cabeza y marco. Marco y ya está, me voy corriendo, todo el mundo vino a abrazarme y fue un momento increíble". Tras el compromiso, continuó el festejo. "Fuimos a una cafetería después del partido que estaba al lado del estadio. Allí nos esperaban muchos amigos. Piensa que en Moscú tampoco había nada que hacer, en la ciudad había cuatro restaurantes, pero para nosotros, con veinte años, aquello fue increíble ", recuerda en una entrevista concedida a Jot Down años más tarde. Lo cierto es que el popular Zar Mostovoi rubricó una actuación sensacional que le permitiría ganar mucha fama. Con el tiempo ficharía por el Celta de Vigo y marcaría una época en el balompié español.

## LA MANO DE VATA

Tras ganar 2-1 contra Benfica en el partido de ida, Olympique Marsella se acercaba a la final de la Copa de Europa de 1990. En el seno de la entidad francesa había optimismo

de cara al partido de vuelta a efectuarse en territorio luso. Y el plan parecía marchar a la perfección.

Corrían los últimos minutos del partido y el 0-0 clasificaba a los marselleses. Sin embargo, a la salida de un tiro de esquina, Magnusson cabeceó al corazón del área y el angoleño Vata desvió con la mano para colocar el 1-0, que le dio el billete a la final al club portugués en detrimento del Olympique. "La mano pasa, Marsella llora", tituló *France Soir*. "El Marsella, traicionado en Lisboa" señaló *Le Figaro*. "El árbitro del partido, el belga Marcel van Langenhove, consideró que el gol de Vata fue legal, ya que aseguró que "impulsó el balón con el pecho", reconoció *El País*. Los lusos trascendían gracias a un polémico gol.

## APAGÓN

Los cuartos de final de la Copa de Europa de 1991 tenían como plato fuerte la eliminatoria entre el poderoso AC Milan, que había ganado los dos torneos previos, y Olympique Marsella, novel equipo que el empresario Bernard Tapie soñaba con convertir en un gigante del Viejo Continente.

El 1-1 de la ida en San Siro favorecía claramente a los franceses, quienes no se amilanaron en ir por el triunfo en el cotejo de vuelta. Waddle anotó un golazo que encarriló más la eliminatoria, pero el AC Milan vio la posibilidad de clasificarse en la mesa de manera insospechada: un apagón al minuto 87 generó zozobra y Adriano Galliani, en ese entonces vicepresidente de la institución, aupó a sus jugadores a no volver a salir al terreno de juego argumentando que su seguridad corría peligro, apostando ganar el cotejo en los despachos.

El final no fue el esperado. El AC Milan terminó perdiendo el partido sobre la mesa, Galliani fue sancionado y el club fue inhabilitado de competencias europeas por un año. "Me he comportado como un *tifosi* en vez de ejercer de delegado del equipo, con la cabeza fría, como correspondía a mi cargo", terminó argumentando el polémico dirigente transalpino. Fue el fin del ciclo de Arrigo Sacchi en la institución lombarda.

## EL CORAZÓN DE CRUYFF

Una intervención médica de último momento salvó a Johan Cruyff en 1991. El estratega del FC Barcelona, atosigado por el tabaco, fue ingresado a un hospital de manera insospechada para salvar su vida, lo cual le llevó incluso a filmar un comercial para llamar a la cautela a la hora de fumar cigarrillos. "El fútbol me lo ha dado todo en la vida", decía mientras dominaba con talento a una cajetilla, pero luego la pateaba y cerraba: "En cambio, fumar casi me la quita".

Lo cierto es que durante los procesos de recuperación se efectuaba un partido continental al que Cruyff no podría asistir, lo cual fue aprovechado por sus doctores para hacer otras pruebas. "Tres semanas después de la operación, los médicos decidieron monitorizarme durante un importante partido del Barcelona, uno que había despertado mucha expectación, para ver cómo reaccionaba mi corazón ante aquella presión. Se trataba del Barcelona-Dinamo de Kiev de los cuartos de final del torneo de la Copa de Europa de 1991. Así que la clínica Sant Jordi envió un aparato especial con toda clase de cables y botones, que me colocaron en el pecho. Así podían seguir mi frecuencia cardiaca durante el partido, que yo vi sentado en casa delante de la tele. Aunque fue un encuentro de lo más emocionante, que el Barcelona solo pudo decidir en el último minuto, mi pulso no se aceleró. Más tarde lo probaron estando yo en el banquillo, pero tampoco entonces sucedió nada especial. Incluso hubo un partido en el que mi ritmo cardiaco se mantuvo tan estable como el de alguien que estuviera echándose una siestecita. Solo una vez se apreció un aumento de la frecuencia: durante una reunión con la junta directiva del Barcelona", relató Cruyff en su autobiografía.

Tras superar al Dinamo de Kiev, el club catalán marcharía indeteniblemente hasta la final, para terminar llevándose la Copa pocos meses más tarde. Pero para Cruyff apenas comenzaban los problemas con la directiva del FC Barcelona, que le terminarían sacando de la institución pocos años más tarde.

## ALEJÁNDOSE DEL BULLICIO PARA LOGRAR EL TÍTULO

Estrella Roja de Belgrado se convirtió en uno de los grandes animadores de la Copa de Europa tras una inolvidable participación en el año 1991. El club yugoslavo armó un equipo poderosísimo en el que destacaban Robert Posinecki, Vladimir Jugovic, Dejan Savicevic, Sinisa Mihajlovic, Miodrag Belodedici y Darko Pancev.

El equipo rojiblanco derrotó consecutivamente a Glasgow Rangers, Dinamo Dresden y Bayern Múnich para colarse en la final de Bari, desatando pasiones. La fama de los aficionados yugoslavos se acrecentó en esos días, al llenar los partidos de bengalas y gritos demoledores, los cuales fueron detonantes para destapar la polémica en la eliminatoria contra el Dresden, partido que finalizó minutos antes de lo previsto por incidentes entre las aficiones. Ante esto, y para apaciguar los ánimos, Estrella Roja resolvió viajar con una semana de antelación al partido final, a diferencia de sus contendores, para alejarse de la locura que invadía su tierra natal.

Pero hubo otros motivos. Cuando quedaban días para la final de Bari disputada el 29 de mayo, los problemas políticos de Yugoslavia se precipitaron, lo cual afectó a un plantel compuesto por futbolistas de distintas partes de esa nación. Stojanovic era serbokovar, macedonios como Pancev y Najdoski, Marovic, Sabanadzovic y Savicevic provenían de Bosnia Herzegovina, un serbocroata como Mihajlovic y por supuesto dos serbios como Binic y Jugovic – más allá del rumano Belodecici-. El técnico serbio Ljubovic Petrovic guió a un equipo que debía hacerse fuerte en lo interno para evitar que los problemas acabasen con la armonía interna de un equipo que representaba a un país que atravesaba sus últimas horas.

La estratagema de alejarse de Belgrado funcionó. Estrella Roja se impuso a Olympique Marsella por penales en una jornada inolvidable para los balcánicos. Tras el 0-0 en el partido, la tanda de penales se decantó a favor de Estrella Roja. Stojanovic adivinó el remate de Amorós y Prosinecki, Binic, Belodedici, Mihaljovic y Pancev acertaron desde el punto penal para que el club serbio levantase su primera Copa de Europa y se proclamara como uno de los equipos más recordados en la historia de Europa del Este. Fue además el último club en alcanzar la gloria con el formato clásico: un torneo conformado por solo campeones y con sorteos sin filtros.

Tras el éxito, Estrella Roja fue desmantelado. En el verano, no hubo posibilidad de defender la corona. Hasta cinco titulares se marcharon de la plantilla y el estratega Petrovic probó nuevos aires. Estrella Roja, un equipo irrepetible, jamás volvió a ser el mismo.

## EL PRIMER GOL DE EUROPA LO HIZO UN AFRICANO

Bajo la denominación de UEFA Champions League, el primer tanto lo marcó Daniel Amokachi, futbolista nigeriano del Club Brugge ante el CSKA Moscú. Era el 26 de noviembre de 1992 y el partido disputado en el entonces conocido Estadio Olympiastadion irrumpió en la historia luego que al minuto 16, el futbolista derrotara a Dmitry Kharin, cancerbero de la entidad moscovita.

Por supuesto, el tanto de Amokachi no dejaba de ser llamativo para los puristas del balompié, quienes veían como el primer gol del torneo de clubes más relevantes del Vie-

jo Continente se convertía, al ser marcado por un jugador africano, en todo un símbolo de globalización en el mundo del deporte.

## "SI SALIMOS DE ESTA…"

El seis de noviembre de 1991, FC Barcelona se enfrentó al poderoso Kaiserslautern alemán con el fin de sacar un buen resultado en Alemania para pasar de ronda. El triunfo 2-0 en la ida disputada en Cataluña daba optimismo, sin embargo, los germanos ante su público iban a ser un hueso duro de roer. "Recuerdo las horas previas al partido. Compartía habitación con el Chapi Ferrer y estábamos riéndonos a más no poder contando historias de risa, pero sin gracia por culpa de los nervios… una vez en el campo y empezando el partido, me santigüé no sé si 10 millones de veces", recuerda Luís Carreras, futbolista convocado para tan trascendental duelo.

Sin embargo, todo se complicó en demasía. Los alemanes hicieron su fútbol e incluso voltearon la eliminatoria. Con el 3-0 a favor, el club blaugrana requería un tanto de forma obligatoria para pasar de llave. "En el banquillo le comenté a Guardiola: si salimos de esta seremos campeones". Y así fue. En el último minuto, Ronald Koeman lanzó una falta que José Mari Bakero cabeceó al fondo de la red y se obró el milagro. Barcelona clasificó y terminó colándose en la final de Wembley.

## CÁBALAS Y MODIFICACIONES DE ÚLTIMA HORA

Antes de la sonada final de 1992, esa en la que el FC Barcelona encaraba la final de Wembley con la posibilidad de levantar su primera Copa de Europa contra Sampdoria, el barcelonismo se llenó de cábalas y de momentos que buscaron aligerar la tensión. Charly Rexach, miembro del cuerpo técnico que comandaba Johan Cruyff, recuerda que durante la semana previa se popularizó en el vestuario gritar: "Viva Perú, ¡¡¡que viene Mannini!!! Lo de Perú era por un polo que yo llevaba y que se parecía mucho a la camiseta de la selección peruana. Estábamos todo el día gritando eso".

Para la historia también quedó la reflexión de Pep Guardiola, quien antes del compromiso, desafió con una arenga pública: "Respetamos al equipo italiano pero no les tememos. Si ellos tienen a Vialli y Mancini, el Barcelona posee a Nano y Pep. Está claro que hemos de jugarle con jeta, sin miedo".

Por otra parte, hubo modificaciones de última hora en el plantel. El club catalán, dirigido por el holandés Johan Cruyff, presentaba la duda en cuanto a la alineación de Richard Witschge, una promesa tulipán que había arribado desde el Ajax.

"Hasta el momento me ha sido muy difícil mostrar lo que valgo, pero por falta de oportunidades. Quiero demostrar de una vez por todas en esta final", había llegado a declarar públicamente. Sin embargo, antes del cotejo, Witschge se resintió de unas molestias musculares, por lo que al gramado salió Julio Salinas. Sin embargo, la leyenda reza que el atacante se había mentalizado en que sería titular, ya que Cruyff se lo había notificado días antes en su despacho. Salinas jugó con el aval del holandés, y para él la sorpresa había sido dudosa.

Witschge no pudo jugar, pero el héroe definitivo fue un holandés. Un tiro libre cobrado magistralmente por Ronald Koeman se coló en el arco defendido por Pagliuca y otorgó la primera Copa de Europa para el club catalán con un 1-0 que entró en la historia de la Ciudad Condal.

## LA PORRA DE CANTONA

El 27 de octubre de 1993 Galatasaray y Manchester United se encontraron en una llave que daría mucho de hablar

por la Segunda Ronda del trofeo continental. La fama de duros de los turcos, tanto dentro como fuera de la cancha, era ya bien conocida en Europa, y por eso, muchos creían que el equipo tenía pergaminos para eliminar al Manchester United de Sir Alex Ferguson.

El partido de ida se disputó en suelo inglés y en un principio, todo parecía encaminado para el conjunto local. Un disparo de Robson que se coló en la red y un tanto en propia meta de un tal Hakan Sukur, formidable atacante turco que mucho daría de hablar a través de los años, dieron una sonada ventaja a los británicos antes que se cumpliese el cuarto de hora. Sin embargo, dos minutos más tarde, Ardif Erdem, con un disparo espectacular desde fuera del área, venció a Peter Schmeichel, cancerbero del Manchester y acercó a los otomanos. Lo increíble es que pocos minutos más tarde, Turkylmaz puso el 2-2 que desató los temores ingleses.

El partido fue de ida y vuelta. En el segundo tiempo, nuevamente Turkylmaz anotó para los otomanos, mientras que Eric Cantona, virtuoso y temperamental delantero francés de la oncena de Manchester, puso el 3-3 que dejó todo servido para un partido de mucho vértigo en al espectacular Estambul.

Como dicta la tradición, el Estadio otomano se llenó de entusiastas que soñaban con la clasificación de los suyos, pero el partido tuvo de todo, menos goles. El 0-0 eliminaba a los ingleses y a medida que pasaba el tiempo, los británicos se desesperaban más y los futbolistas de Galatasaray hacían tretas para ganar minutos y consolidar la clasificación en el Ali Sami Yen de la capital turca. La viveza de los otomanos se vio premiada cuando en el minuto 90, el árbitro Karl Rothlisberger pitó el final del compromiso sin dar tiempo añadido, lo que enfureció notablemente a los ingleses. Eric Cantona, con su carácter explosivo se acercó al juez y le reprochó su actitud, lo que llevó a que fuese expulsado no sin antes, en su camino a los vestuarios, recibir una porra en la cabeza de un enfadado policía turco. "Eric enloqueció en los vestidores. Estaba determinado a salir otra vez para encarar al policía que había estado empuñando la porra. Eric era un tipo muy fuerte. Estaba muy serio e insistía en que iba a matar a ese cabrón. Necesitamos la ayuda del entrenador, del asistente Brian Kidd y unos cuantos jugadores para retenerlo. Normalmente no habría retrocedido en una pelea, pero incluso yo no estaba preparado para esta. ¡Había un montón de turcos por ahí!", recuerda sobre el hecho Roy Keane, otro futbolista del Manchester United con fama de "rudo" que decidió cuidarse dicho día.

Por su parte, Cantona reviviría el doloroso momento. "Fui golpeado en la parte posterior de la cabeza y es un gran escándalo. Solo le dije a Rothlisberger que era un mal referee. Lo que más me molestó es que un policía me haya golpeado en la cabeza con su porra. Era el tipo de persona que te manda a la cárcel por estar sin trabajo o por robar una chocolatina en un supermercado cuando tienes hambre. Por supuesto que estaba molesto por haber sido eliminado de la Copa de Europa. por las tácticas perjudiciales de los oponentes, por el hecho de que no se agregó tiempo de descuento y por recibir la tarjeta roja después de que el partido hubiera terminado, pero sobre todo porque había sido golpeado por la espalda por esa mierda de policía turco. ¡Quizá nos topemos de nuevo alguna vez!", retó.

### ¿NERVIOS PREVIOS?

Instantes antes de que Olympique Marsella saliera a disputar la final de la Copa de Europa de 1993 contra AC Milan, el equipo recurrió a la intimidación para conseguir dañar a los italianos desde el camerino. "Los dejamos salir primero en el pasillo del Velódromo y, después, salimos como el ejército: los más altos delante, los más pequeños detrás. Eso los impresionaba", recuerda Basile Boli.

Fabien Barthez también se contagió del momento, pese a que algunos cuestionaran su rendimiento. El portero del equipo galo se quedó dormido en el bus yendo hacia el estadio, luego de no haber conciliado el sueño en la noche anterior. Aunado a esto, el golero extravió sus guantes dos veces: primero, en el hotel, y luego, en la mitad del campo, después de la ceremonia de presentación de los dos equipos. Sin embargo, su rendimiento fue óptimo. Olympique ganó 1-0 y Barthez no encajó goles.

Por su parte, Boli, autor del tanto francés, estuvo cerca de no jugar la final. Una semana antes de la final, Bernard Tapie, directivo del Olympique Marsella, señaló que, ya que llegaba de una lesión en el menisco, no jugaría en el juego decisivo. En la reunión previa al juego en Valenciennes (antes de la final), Tapie dijo: "Todos los que estén en el terreno de juego esta noche estarán en Múnich contra Milan", pero Boli no estaba en el terreno. Sin embargo, el estratega, Raymond Goethals, al ver al defensor cabizbajo, siguió al jugador hasta su cuarto y le aseguró que jugaría. Boli terminó siendo leyenda con un gol que también llevó a numerosas historias.

No hay marsellés que no recuerde la foto en la tapa del rotativo *L'Équipe*, inmortalizada al día siguiente de la victoria del Olympique contra el AC Milan en la final de 1993. Sin embargo, la misma estuvo cerca de no llegar a tiempo para ser publicada. "Estuvimos trabajando con las fotos tomadas durante los primeros veinte minutos del encuentro", recuerda Jacques Deydier, director de fotografía del periódico de esas fechas.

El cabezazo de Boli subió al marcador justo antes del medio tiempo, por lo que el fotógrafo André Lecoq corrió furtivamente para entregar su imagen. "Lo veo con una camisa blanca, corriendo como loco en la pista de atletismo, con la cadena alrededor del cuello golpeándole la cara", recordaría el exreportero Alain de Martignac al conocido medio de comunicación.

Por su parte, Chris Waddle, tampoco pudo disfrutar del gol. El exjugador del club francés se había marchado de la disciplina un año antes, pero reconociendo lo brindado a la institución, el club le abrió las puertas para que el futbolista se sintiera como uno más, entrenándose con sus antiguos compañeros y participando en algunas actividades previas a la final.

El día del partido se sentó en las gradas, viviendo el partido como el hincha más ferviente, y cuando llegó la jugada definitiva de Boli, no pudo ver el gol. "Chris me contó que no vio el gol. En ese momento había ido a comprar un sándwich y una cerveza. ¡Un tipo lo empujó en el momento del gol y toda la cerveza se derramó sobre él! Él no vio nada en absoluto", explicó Boli posteriormente.

## LA LENGUA DE CRUYFF NO AMILANÓ A MASSARO

Un Barcelona arrollador encaraba al AC Milan en la final de Atenas de 1994. El club catalán partía como favorito, y como si no fuese suficiente, los italianos tendrían en Franco Baresi y Alessandro Costacurta unas sensibles bajas que envalentonaron al estratega azulgrana, Johan Cruyff.

Sorpresivamente, el experimentado timonel holandés mostró exceso de confianza en la conferencia de prensa previa al partido. "Futbolísticamente el juego del Milan no es nada del otro mundo, pero en organización sobre el césped funciona muy bien", lanzó el estratega.

"Es justo decir que salimos como favoritos. Hemos realizado unos 20 partidos finales muy buenos. Conseguimos más de 60 goles en este periodo y solo hemos encajado 15. El problema de Fabio Capello (entrenador del Milan) radicará en poder alinear a dos defensas de cierre con garantías, algo que ya veremos si lo consigue. Que no juegue Baresi, el organizador de la defensa de su equipo, es algo muy importante para el Barcelona", agregó. Siguiendo con

la tónica, el tulipán cargó contra Marcel Desailly, asegurando que los catalanes habían fichado mejor al comprar a Romario.

Sin embargo, en el terreno de juego no aconteció nada de esto. El partido finalizó con un histórico 4-0 para los de Fabio Capello. "Lo único que pasó es que un entrenador hizo creer a sus jugadores que se enfrentarían a un equipo que no estaba a su altura ¡Gracias, Cruyff!", recordaría Costacurta a Mundo Deportivo. El equipo lombardo festejaba, sobre todo Danielle Massaro, quien anotó dos tantos y que años más tarde reconoció haberle pedido un autógrafo a Cruyff justo antes del cotejo. El atacante transalpino reconoció también que cambió la camiseta con Stoichkov, una de sus referencias. "Me llevo los dos goles y la camiseta de mi ídolo", sentenció.

Otro que sonrió tras el partido fue Marcel Desailly. El defensor, tan vilipendiado en la previa, protagonizó un duelo estupendo y anotó un gol de antología. La lengua había castigado a Cruyff.

## GOL DEL PRESIDENTE

Cuando Barcelona encaró a Paris Saint Germain en los cuartos de final de la temporada 1994-95, el reinado de Johan Cruyff comenzó a agrietarse. Los catalanes encararon al club parisino en el Camp Nou sin mucha fortuna y se adelantaron en el marcador gracias a una diana de Korneiev, pero el empate llegó por intermedio de una estrella en ciernes, el liberiano George Weah. El atacante africano fue una pesadilla y se mostró como nunca en el mapa del balompié internacional.

Con la ventaja, Paris Saint Germain pudo encarrilar el duelo de vuelta, en el que triunfó por 2-1 y marcó la puerta de salida para el histórico Cruyff de Barcelona. En esta ocasión no marcó el africano, pero ya todos preguntaban por él. Sus números fueron impresionantes: fue el máximo goleador de esa edición de la Liga de Campeones con siete tantos y pronto se convirtió en el primer Balón de Oro proveniente de su continente.

Tras su paso por Francia, se marchó a Italia para sustituir a Marco Van Basten en el AC Milan, donde marcó una era. Los éxitos del jugador continuaron tras el gramado. En 2017 fue electo presidente de su país, convirtiéndose así en el primer futbolista en jugar la Copa de Europa en proclamarse mandamás de su país. El ídolo liberiano volvió a tomar una postura a favor de su país.

## RONALDO VS. KLUIVERT

El talento de un fulano Luiz Nazario de Lima, mejor conocido como Ronaldo, no pasó desapercibido a los ojos de los ojeadores holandeses. Su olfato goleador envidiable, su velocidad inalcanzable y sus regates empedernidos hicieron que dos gigantes de los Países Bajos, Ajax y PSV Eindhoven, se pelearan por comprarle al Cruzeiro de Brasil.

El final de la guerra se dio en 1994 cuando el amazónico fichó por el PSV Eindhoven, pero Louis Van Gaal, estratega del club de la capital holandesa, no se amilanó ante los medios de comunicación: "PSV tiene a Ronaldo, nosotros tenemos a Patrick Kluivert", haciendo referencia a un canterano del que se hablaba mucho.

El tiempo dio para que Ronaldo se convirtiera en quizá el mejor artillero de la década en detrimento de un Kluivert que triunfó en Ámsterdam y Barcelona, pero que no pudo mostrar su poderío en otros escenarios, incluido en Milan, donde llegó para responder a la llegada del brasileño al Internazionale años más tarde en una jugarreta del destino.

Sin embargo, el holandés hizo valer su superioridad en el marco de la Copa de Europa. En la final de Viena de 1995, el atacante del club ajacied recibió un balón en el área y anotó el tanto del triunfo ante Milán, convirtiéndose en el jugador más joven en marcar en una final de la competen-

cia con 18 años y 323 días. Ajax ganó por 1-0 con el joven delantero como principal figura.

Por su parte, Ronaldo firmó una carrera extraordinaria que le llevó a ganar dos veces la Copa del Mundo, una Copa UEFA, una Recopa de Europa, en dos oportunidades la Copa América y un sinfín de títulos que le ponderaron como una figura internacional, pero jamás logró levantar la Orejona. Quizá si su decisión hubiese sido tomar el boleto a la capital holandesa y no a las afueras, su destino hubiese sido otro. En Eindhoven se cansó de marcar goles, pero no le alcanzó para titularse en el Viejo Continente, lo que sí pudo hacer Kluivert.

## CAMPEONES CUESTIONADOS

El Olympique Marsella enamoró a muchos en Europa, llegando incluso en levantar la Copa de Europa de 1993 tras imponerse por 1-0 a Milan, con gol de Basile Boli en Múnich, que significó el primer título francés en la competencia. Pero no todo fue color de rosas en el club galo.

Jean-Jacques Eydelie, mediocampista de dicho club, contó años más tarde a *L'Équipe* que los jugadores de la entidad –a excepción de Rudi Voeller- se doparon antes del trascendental compromiso contra AC Milan. "Antes de la final nos pusieron en fila para recibir la inyección", recalcó en un club atado a la polémica. "Pasaban muchas cosas a nuestro alrededor, nos daban pastillas. Era una locura", agregó.

Más allá de las acusaciones posteriores, el club francés nunca pudo disfrutar de su triunfo, y es que en los mismos días de gloria estuvo directamente salpicado por la gestión de su presidente Bernard Tapie, empresario multimillonario que llevó al club a su mejor etapa y a su terrible perdición. Un escándalo de amaño de partido contra Valenciennes por el torneo local reventó un conflicto que aceleró la caída libre. El dirigente, salpicado por numerosos escándalos de distintas vertientes, se apartó del fútbol y el equipo fue enviado a Segunda División. El Marsella no pudo repetir en la Copa de Europa -aunque no fue despojado de su título- y los jugadores fueron subastados. El destello del Marsella desapareció furtivamente, pero Deschamps, Marcel Desailly, Abedí Pelé, Jocelyn Angloma, Alen Boksic y Voeller, entre otros, tomaron otros destinos para hacer historia.

No fue el único caso trascendental de la década. Nadie cuestionó el poderío de Juventus, que disputó tres finales europeas consecutivas: los transalpinos derrotaron al Ajax por penales en 1996, y cedieron de manera consecutiva en las ediciones de 1997 y 1998, contra Borussia Dortmund y Real Madrid. Marcaron una época dorada que sin duda les colocó como uno de los equipos por excelencia del Viejo Continente, pero años más tarde sonaron muchos rumores en cuanto a lo consumido por algunos de sus futbolistas.

Ya en el segundo milenio, los especialistas italianos Giuseppe D'Onofrio y Alessandro Donati accedieron a documentos filtrados y presentaron en la televisión holandesa NOS que los jugadores de la entidad se habían dopado para jugar la final contra el Ajax y para la posterior Copa Intercontinental contra River Plate de Argentina, donde ganaron 1-0 con gol de Alessandro Del Piero. Los científicos aseguraron que la prueba sanguínea no dejó dudas a que los transalpinos se habían preparado con EPO.

Ramón Díaz, técnico del River, perjudicado al igual que el Ajax, salió al paso. "Pasaron muchos años, pero había una diferencia enorme. No solo con nosotros, sino también en el campeonato italiano se veía una enorme diferencia fí-

sica con respecto a los otros equipos. No tanto en el juego, sino en la parte física", señaló.

## PUDO SER PEOR

Las noches europeas jamás podrán olvidar el paso hegemónico del Ajax de Ámsterdam en el mítico Santiago Bernabéu. Los irreverentes jóvenes de Van Gaal no se amilanaron en el césped madrileño e infringieron una sonada victoria por 2-0, en la defensa de su título que hizo al mundo rendirse nuevamente a sus pies, como había ocurrido un año antes.

El 22 de noviembre de 1995, los tulipanes arribaron al Paseo La Castellana y ganaron 2-0 gracias a goles de Jari Litmanen y Patrick Kluivert, pero lo cierto es que pudo ser peor. Un gol fantasma de tiro libre del finés no subió al marcador aunado a tres disparos a los palos y otro tanto que fue invalidado por el juez, imposibilitó que la ventaja aumentara. El Ajax había vapuleado a los españoles, aunque más allá de una ligera ventaja no pudo reflejar la auténtica diferencia en el marcador. No hubo escándalo por el más que positivo resultado de los tulipanes. "Fue Ajax en su mejor momento", justificó Frank de Boer tras el triunfo.

## EL INSÓLITO ENTRENAMIENTO DEL CAMPEÓN DE EUROPA

El Ajax de los 90 fue quizá uno de los mejores equipos de la historia. El conjunto tulipán contaba con figuras como Edwin Van der Sar, Michael Reiziger, Danny Blind, Winston Bogarde, los hermanos Frank y Ronald de Boer, Jari Litmanen, Clarence Seedorf, Marc Overmars, Nwankwo Kanu, Edgar Davids, Finidi George y Patrick Kluivert, pero sobre todo a un gran cuerpo técnico comandado por Louis Van Gaal, un gerente espléndido que pudo ganar todo con la entidad entre los años 1991 y 1997.

Años después de conseguir la Copa de Europa de 1995 se hicieron virales videos que mostraban los particulares métodos de entrenamiento del club. El salto a la soga y un baile al estilo zumba con coreografía incluida destacaban en los mismos. Si bien es cierto que están los que pudieran esbozar alguna sonrisa tras visualizar a las estrellas celebrando la danza como si se tratara de un gol, estos ejercicios les ayudaron a coordinarse para convertirse en el club demoledor que sometió a Europa.

Además de la Champions de 1995, el club triunfó en tres ligas locales de ese período (94, 95 y 96), la Copa UEFA de 1992, la Copa Intercontinental de 1995 y Supercopa europea 1995, además de obtener un subcampeonato europeo en 1996. Sin duda el club tulipán hizo algunas cosas bien, y su entrenamiento fue una de ellas.

## CAMBIO DE CAMISETAS

En la fase de grupos de 1995-96, Grasshopper de Suiza dio una de las grandes sorpresas del torneo al vencer al Ajax, reciente campeón de Europa, por 0-1 en la capital de los Países Bajos. El soberbio tiro libre de Yakin a la hora del partido fue un mazazo muy duro del que los tulipanes no pudieron resarcirse, y tras intentarlo de muchas formas, el juez pitó el final del compromiso y dictaminó un sonado triunfo de los suizos.

Heridos en su orgullo, los campeones vigentes de Europa no intercambiaron camisetas y enfurecidos por el resultado, se marcharon directamente al camerino. Al ver esto, Louis Van Gaal, entrenador de la entidad holandesa, convocó a sus futbolistas para una reunión al día siguiente en la que recriminó a sus jugadores por su actitud. Mariano Juan, futbolista argentino en la institución holandesa reveló la anécdota años más tarde en la televisión argentina. "Van Gaal dio una clase esencial de lo que es ser un hombre, lo que es ser un ganador. Explicó que debíamos cambiar la camiseta porque quizá para el Grasshopper de

Suiza, para este equipo, no se iba a repetir nunca jugar y ganar en ese Estadio y ellos no iban a tener un recuerdo, como efectivamente pasó", recuerda el sureño.

Esa generación del Grasshopper de Suiza no consiguió repetir la hazaña en una Champions League, sin embargo, es probable que los futbolistas de ese equipo jamás olvidarán su soñada jornada en Ámsterdam, más allá de no quedarse con las camisetas de los referentes de la entidad holandesa. Por su parte, Van Gaal dejó además una clase de señorío a sus futbolistas.

## CAMPEÓN EN LAS DOS ACERAS

Ottmar Hitzfeld llegó a Westfalia en 1991 para tomar las riendas del Borussia Dortmund, uno de los equipos más populares del país, pero que no había saboreado las mieles de la gloria europea. El timonel organizó un equipo de oro en el que despuntaron el defensor Matthias Sammer, el mediocampista Paulo Sousa y el atacante suizo Stephane Chapuisat, que le daría réditos.

El club llegó hasta la final y derrotó por 3-1 a Juventus para hacerse rey de Europa en 1997, en Múnich, la casa del gran gigante del país. Este hecho daría origen a una fuerte rivalidad, ya que había nacido un contendor real para Bayern Múnich, lo cual se confirmó con los dos títulos al hilo que obtuvo el equipo de Westfalia. Todo se acrecentó en la siguiente temporada, cuando los dos equipos se encontraron en octavos de final de la competición. El partido de ida se disputó en Múnich y terminó con un empate sin goles, que obligó a que todo se solventara en la vuelta en Dortmund.

El Westfalenstadion se preparó para una jornada espectacular, y la tuvo. El 0-0 parecía encarrilar todo hacia los penales, pero en el tiempo extra, Stephane Chapuisat anotó el único tanto del partido y determinó la clasificación a las semifinales en detrimento de su histórico rival. El mensaje era muy claro: Borussia Dortmund podía estar por encima del Bayern Múnich. Más allá de su aversión real por Schalke 04, los partidos contra el equipo de Múnich serían especiales.

Sin embargo, Hitzfeld no duró mucho más en Dortmund. El Genio de Lorrach fichó por Bayern Múnich e inició una década de oro para sus antiguos contendores. El club bávaro perdió la final de 1999 contra Manchester United, pero levantó la Orejona contra Valencia poco más tarde, entrando en el selecto grupo de estrategas en salir campeón del torneo con dos clubes distintos, teniendo la particularidad de ser los dos equipos más importantes del mismo país. Si bien no es un rival por antonomasia, "el clásico artificial", como le han puesto en Alemania, llegó a niveles insospechados, como a encontrarles en una final en el segundo milenio.

## ¿DÓNDE ESTÁ EL FAX?

El segundo puesto en el torneo local (1996-97) le otorgó al Paris Saint Germain la posibilidad de jugar una accidentada repesca europea de la siguiente temporada para poder clasificarse al magno torneo continental. El club conformado por los brasileños Raí y Leonardo y por los reconocidos Patrice Loko y Marco Simone eran favoritos para vencer al Steaua Bucarest rumano en una eliminatoria que tuvo problemas que se suscitaron desde los escritorios.

Los galos cayeron por 3-2 en el partido de ida disputado en Europa del Este, quedando obligados a ganar en la vuelta, pero con posibilidades ciertas para remontar la eliminatoria. Sin embargo, una distracción complicó todo. El estratega Ricardo alineó indebidamente a Laurent Fournier, lo que llevó a otro desenlace. La UEFA resolvió darle un triunfo 3-0 a Steaua Bucarest pese a los reclamos de un equipo parisino que alegó nunca haber recibido el fax que comunicaba la indisponibilidad del jugador. La carta se

buscó con ahínco, pero nunca apareció. Quizá quedó detrás de un mueble o perdido en un rincón poco concurrido.

Tras este incidente, PSG tuvo que afrontar el partido de vuelta con la necesidad imperiosa de golear para decir presente en Europa y salió con toda su artillería. La gesta ocurrió en el Parque de los Príncipes. Raí y Leonardo tuvieron una actuación sensacional, el club parisino ganó 5-0 y la clasificación fue francesa.

## OBILIĆ, ARKAN Y LA INTERPOL

Cuando la Guerra de los Balcanes conmovió al mundo, Zeljko Ražnatović (conocido como Arkan), jefe de seguridad del Estrella Roja, vio una oportunidad para crecer en sus negocios turbios. Buscado por la Interpol debido a sus excesos en el conflicto, el líder nacionalista se dejó llevar por su vanidad y tras fracasar en sus intentos de adquirir al club de sus amores, compró al Obilić, un modesto club del país, en el verano de 1996.

Pronto sonaron rumores de amaños y artimañas, pero lo cierto es que el club ascendió a la categoría de oro del balompié yugoslavo y en la temporada 1997-98 obtuvo el título de liga, el cual le dio el derecho de participar en la Liga de Campeones.

La UEFA mostró su inconformidad con el rol de Arkan y amenazó con la expulsión del club si el criminal de guerra no renunciaba a su cargo, algo a lo que el directivo terminó accediendo, no sin antes entregárselo a su esposa, la artista Svetlana Ražnatović. Mientras esto ocurría sucedieron muchas otras: Obilić se impuso al IB Vestmannaeyja FC islandés en la primera ronda de clasificación a la competencia y el equipo se enfrentó al poderoso Bayern Múnich alemán. Franz Beckenbauer se rehusó a viajar a Yugoslavia para no tener que saludar a Arkan y el directivo no se atrevió a viajar a la ciudad alemana, donde tenía orden de captura. Tras la eliminación, el club participó en la Copa UEFA, donde fue vapuleado por el Atlético de Madrid. Jesús Gil, presidente del club español, sí visitó suelo balcánico.

Obilić encontró en la UEFA la resistencia que no había tenido en Yugoslavia, tal como reflejó su resentimiento: años más tarde, el presidente de la UEFA, Lennart Johansson, aseguró que había escuchado que Arkan había pensado en asesinarle.

Al año siguiente, Obilić quedó segundo en el torneo, pero la UEFA expulsó al equipo de la competición. Fue el fin del club y también de Arkan, quien poco tiempo después fue asesinado en un hotel en Belgrado.

## RACISMO Y GOLES

En los 90´ Atlético de Madrid se coló en la élite del fútbol español tras protagonizar excelsos años en la Primera División, superando incluso al Real Madrid y al FC Barcelona. Sin embargo, entre sus hándicaps, se encontraba Jesús Gil, un controvertido presidente acostumbrado a ser protagonista en los tabloides. En la Champions no fue la excepción.

En 1997, el club colchonero quedó encuadrado en cuartos de final de la competición con el Ajax de Ámsterdam, extraordinario equipo holandés que había enamorado a Europa, pero que había sido desmantelado en gran medida por los gigantes europeos. Los holandeses contaban con tres trepidantes jugadores de color: Tijani Babangida, Kiki Musampa y Patrick Kluivert. El cotejo de ida quedó igualado 1-1 con tantos de Esnáider, para los españoles, y de Kluivert, para los tulipanes, pero Jesús Gil se quedó con los flashes. Tras el partido asestó comentarios racistas: "Los negros del Ajax... Eso parecía el Congo, dicho con todos los respetos. Mirabas a un lado y había cuatro negros calentando; mirabas a otro y había cinco, y en el campo, otros tres. Salían negros de todas partes como si fuera una máquina de churros".

Louis Van Gaal, estratega del Ajax, se quejó por los comentarios y no asistió al almuerzo previo al duelo de vuelta en la capital española. El rotativo holandés De Telegraaf tituló "Eso parecía el Congo". Pero ahí no terminaron las palabras de Gil. En la conferencia de prensa previa al partido se refirió al episodio de forma burlesca, en una mezcla entre español e inglés. *"Black, white, all. I am white. No problem. I think that... Excuse me. I think that you black and say black, black, black all days is very bad. The colour no is problem for man"*, expresó.

El incidente llevó a que el timonel holandés les colocara a los jugadores un video motivacional en el que salieran reflejadas las palabras de Gil. Parecía dar resultados, pues Ronald de Boer declaró antes del cotejo: "Me excita de tal manera lo que ha dicho que tengo la intención de hacer un esfuerzo adicional en el partido". Pero el jerarca colchonero se disgustó: "En el pecado puede tener la penitencia. Su problema es un complejo de soberbia. No es recurso de un buen técnico motivar a la plantilla con el color de la piel. Es ruin y bajo. Yo no soy racista", quiso aclarar.

El partido se jugó con cierta tensión y Ajax se llevó un estruendoso triunfo por 3-2 en el Vicente Calderón, para meterse en las semifinales. Para el recuerdo quedará la postal de Dani, jugador portugués que asestó un trallazo impecable desde más de 30 metros; un gol del motivado Ronald de Boer, y el festejo de Babangida. El nigeriano, que según Gil era "congoleño", marcó el último gol y celebró con efusividad.


## DEL INSTITUTO A LA CHAMPIONS

El 27 de noviembre de 1997, Real Madrid debía visitar a Rosenborg en el frío nórdico por la fase de grupos del torneo. Si bien en el Bernabéu el cotejo finalizó 4-1 para los madridistas, jugar en semejante clima de hielo no era una tarea sencilla para cualquier jugador, por lo que la visita a Noruega sería difícil. Además, circunstancias externas hicieron que la planificación se complicara más de la cuenta y Jupp Heynckes, técnico de la entidad, tuvo que ingeniárselas para formar un plantel completo que tuviese condiciones para aprobar la expedición.

Si bien Davor Suker no fue convocado a última hora, un choque en la mañana del día del  viaje entre Fernando Morientes y Santiago Cañizares dejó a este último, tocado, lo que desataba las alarmas en el resguardo de la portería merengue ya que, por su parte, el germano Bodo Illgner atravesaba dolencias físicas y no estaba al cien por ciento. Buscando un sustituto por si ocurría algún imprevisto, el cuerpo técnico del Real Madrid buscó al portero de las categorías inferiores que aún se encontraba en el colegio ya que al ser amateur no tendría problemas con la ficha.

El joven ya había despuntado en categorías inferiores de la selección española y recibiría una oportunidad única. "Pensé que el director me iba a recriminar algo", recordó posteriormente cuando el dirigente del instituto lo buscó rápidamente en el recreo. A mediodía ya estaba en el aeropuerto gracias a las gestiones de Ignacio Zoco, delegado del Real Madrid, quien le pagó el taxi.

Fue así como el jugador tuvo su primera incursión europea. No jugó en la derrota merengue ante Rosenborg, pero palpó por primera vez el vestuario merengue en la élite europea. El chaval se llamaba Iker Casillas, y años más tarde levantaría el trofeo en numerosas ocasiones para ser una leyenda del equipo.

## LA NOCHE DE ASPRILLA

El 17 de septiembre de 1997 el balompié inglés festejó por lo más alto el estreno del Newcastle, un histórico del balompié británico, en la UEFA Champions League. La jornada a disputarse en el St James Park, estaría repleta de entusiastas que querían ver como su equipo encaraba al poderoso FC Barcelona.

Sin embargo, la jornada sería para una leyenda del balompié colombiano, Faustino "Tino" Asprilla, quien tendría una jornada inolvidable. Sin embargo, posteriormente contaría que no esperaba jugar. "Pensaba que aquel partido no iba a jugarlo porque días antes el club me multó por no asistir a una reunión del equipo. Cuando el entrenador dijo mi nombre con el once titular me sorprendió bastante, pero fue uno de los partidos más importantes de la historia del club: el primero en Liga de Campeones".

La historia es conocida, Asprilla tuvo su noche europea más soñada, hizo tres goles de alta factura, y Newcastle derrotó 3-2 al FC Barcelona en una jornada mítica para el equipo inglés. "Desde ese día nunca tuve que pagar una copa. Allá donde voy la gente quiere hablar de aquella noche contra el Barça", recordaría el atacante.

Tiempo más tarde trascendió otra anécdota del colombiano contra los catalanes. El periodista Iván Mejía Álvarez reveló que al delantero "lo pillaron con una amiga en pleno partido, el técnico se dio cuenta y entonces como creyó que lo podía acabar, le dijo: vaya y juegue usted  y se encendió ese día".


## ARQUERÍA ROTA

Un Santiago Bernabéu repleto se preparaba para ver la semifinal entre Real Madrid y Borussia Dortmund de la Champions 1997-98, pero no todo fue color de rosas luego de que aficionados Ultra Sur propiciaran el derribo de una arquería que obligó a que el partido comenzara con una hora y media de retraso.

"Ni los más viejos aficionados madridistas recuerdan un episodio tan lamentable como el que provocó que una semifinal de la Liga de Campeones empezase con 75 minutos de retraso por culpa de la caída de una de las porterías del Santiago Bernabéu", reseñó la revista especializada *Don Balón*. Sin embargo, los jugadores del club español no se enfriaron. Morientes y Karembeu le dieron la victoria al club merengue y el Real Madrid se encaminó hacia una nueva final continental.

## COPA SIN CHAMPÁN

El 20 de mayo de 1998 se disputó una de las finales más recordadas de todos los tiempos. Real Madrid, como el Ave Fénix, volvía a un cotejo definitivo tras años de ausencia y encaraba a un Juventus que lucía como favorito para llevarse el torneo, disputando su tercera final consecutiva.

El partido se resolvió con un solitario gol del montenegrino Pedja Mijatovic, que les dio el triunfo a los merengues en el Ámsterdam Arena y que les adjudicó la séptima Copa de Europa. Sin embargo, no guardaban champán en el camerino para festejar. Fernando Hierro, una de las figuras del madridismo, recordaría posteriormente un gesto que tuvo el rival: "(Marcelo) Lippi (entrenador de la Juventus) estuvo cariñoso. Vino a felicitarnos al vestuario y vio que nos estábamos tirando el agua y el Gatorade. Al minuto, llegaron los de la Juve con su champán. ¡Qué poca fe tenían en nosotros!".

## OCHO HORAS

Arsene Wenger, entrenador del Arsenal, encontró en Dennis Bergkamp, la joya holandesa de la cantera del Ajax que no pasaba sus mejores momentos en el Internazionale, a un futbolista espectacular para su proyecto. Sin embargo, el tulipán arrastraba un pequeño problema tras una mala experiencia con la selección de su país, y es que sufría en exceso de viajar en los aviones, por lo que tenía licencia para viajar por vías alternativas a los partidos que se disputasen fuera de Londres.

Para enfrentar al FC Barcelona el 29 de septiembre de 1999, el tulipán tardó hasta ocho horas para alcanzar la Ciudad Condal. Bergkamp partió desde Londres por medio

del tren Eurostar y ya en Francia, tomó un vehículo hasta la ciudad española. Pese a todo, el jugador dio todo en la cancha y el equipo obtuvo un valioso empate 1-1 en el Camp Nou.

No era la primera vez. Contra Fiorentina, el jugador había viajado también por sus propios medios, mientras que, en otras ediciones, el club no pudo disfrutar de sus servicios para disputar juegos internacionales en Grecia y Ucrania. Si bien muchos aficionados no se acostumbraban a que un futbolista europeo evadiese los aviones, sus rendimientos en el terreno de juego eran tan buenos que obligaban a que fuese perdonado: Bergkamp marcó una época inolvidable en el club de la capital inglesa.

## EL VENENO DE "BATIGOL" PARA HACER HISTORIA EN WEMBLEY

En octubre de 1999, la Fiorentina de Giovanni Trapattoni visitó Wembley para encarar al poderoso Arsenal de Wenger, que no podía utilizar su casa de Highbury con la mente en alto y con la ambición de sacar tres puntos ante uno de los mejores equipos ingleses del momento. "Voy a hacer todo lo posible para regresar de Londres con una victoria en el bolsillo", aseguro Gabriel Omar Batistuta, atacante del conjunto italiano en la previa del partido. El único detalle es que había una muralla histórica: ningún equipo italiano había ganado en Wembley contra un equipo inglés en la competencia.

Por su parte, el entrenador del conjunto inglés se mostró cauteloso e hizo referencias al veneno del equipo Viola. "Son defensivamente seguros y juegan bastante profundo. Son como serpientes, tienen chorros y en cinco minutos te pueden matar. Puedes sentir que estás en la cima del juego, pero de repente, si tu concentración baja, tienen la cualidad individual de ser peligrosos cuando eres tú quien cree que tienes el control del juego", aseveró a los medios Wenger.

No se equivocó el estratega francés. Arsenal salió con todo su poderío, pero pagó la falta de precisión en una jornada sensacional del portero italiano Francesco Toldo, quien incluso desvió un disparo de Nwakno Kanú en el área pequeña que parecía ser imposible de evadir. Por su parte, cuando quedaban 15 minutos, Batistuta hizo valer su palabra al vencer al portero británico David Seaman con un derechazo poderoso que efectivamente rompió todos los paradigmas históricos y que se tradujo en el primer triunfo del equipo italiano en Wembley, gracias al "Batigolazo" con veneno de serpiente.

## SIN IRA Y CON CALMA

Eran conocidas las severas reprimendas de Sir Alex Ferguson cuando sus futbolistas del Manchester United no daban los resultados esperados. El lanzamiento de un zapato a David Beckham o separar del plantel a Diego Forlán por no seguir una instrucción, son algunas de sus decisiones que han trascendido.

Por ello no muchos esperarían que el escocés sostuviera la quietud en el medio tiempo de uno de los duelos más trascendentes de su carrera. Bayern Múnich ganaba por 1-0, con tanto de Mario Basler de tiro libre, y los ingleses no mostraban su mejor cara en la final de 1999. Los británicos, que habían ganado la Premier League y la FA Cup, buscaban el triplete, pero no encontraban el camino en el rectángulo verde.

En el camerino del Camp Nou, el director técnico sostuvo la tranquilidad e giró instrucciones. Andy Cole recordó posteriormente que "el entrenador estuvo siempre muy positivo pese a que no estábamos jugando particularmente bien. Nos dijo que era la final de la Copa de Europa, que tal vez nunca íbamos a tener otra oportunidad y que tenía-

mos que asegurarnos que habíamos dado todo en el campo". Por su parte Dwight Yorke detalló a fondo. "Habíamos ganado la liga y la Copa FA, por lo que él estaba sosegado. Nos dijo que no estábamos en nuestro mejor partido, pero tomaba en consideración el premio que nos estábamos jugando.", contó. Y como si no fuese suficiente, Ferguson relató una anécdota que le había contado unos días antes de ese partido el escocés Steve Archibald sobre el duelo de haber perdido la final de 1986 –cuando se encontraba en el Barcelona- y caminar al lado del trofeo sin poder tocarlo.

Sostener la calma era la premisa, y así fue hasta los últimos instantes. Ferguson contó años más tarde que al estudiar a su rival había notado que siempre que Bayern iba ganando sacaba a sus dos extremos, por lo que él tendría la oportunidad de colocar a tres delanteros. Por esto, cuando los bávaros quitaron a Basler y Zicker, hizo entrar a Sheringham y a Solskjaer para que acompañaran a Yorke. "Entonces tendrían un mediocampo más apretado, pero me permitió jugar con tres. Tuvimos un poco de suerte en el gol del empate, pero desde ese momento supe que íbamos a ganar, porque el Bayern estaba de rodillas. El impacto de marcar tan tarde les afectó mucho", manifestó. Dio resultados. Manchester anotó dos tantos en el descuento y los hicieron Sheringham y Solskjaer.

Tras dicho partido, uno que festejó en exceso fue David May, lateral suplente de los "Diablos Rojos". Si bien no jugó un minuto a lo largo del certamen, se inmortalizó de una manera bastante particular y es que cuando llegó la celebración, se colocó sobre los hombros de Nicky Butt y David Beckham mientras Peter Schmeichel levantaba el trofeo, abrió los brazos y posó como si fuese la estrella. En la foto oficial no se detalla prácticamente ninguno de los jugadores, solo May, tomando el protagonismo de los héroes Sheringham y Solskjaer.

## PODIO DE 1990-99

| Edición | Campeón | Subcampeón | Resultado final | Sede |
| --- | --- | --- | --- | --- |
| 1989-90 | AC Milan | Benfica | 1-0 | Viena |
| 1990-91 | Estrella Roja | Olympique Marsella | 0-0 (5-3 penales) | Bari |
| 1991-92 | Barcelona | Sampdoria | 1-0 | Londres |
| 1992-93 | Olympique Marsella | AC Milan | 1-0 | Múnich |
| 1993-94 | AC Milan | Barcelona | 4-0 | Atenas |
| 1994-95 | Ajax | AC Milan | 1-0 | Viena |
| 1995-96 | Juventus | Ajax | 1-1 (4-2 penales) | Roma |
| 1996-97 | Borussia Dortmund | Juventus | 3-1 | Múnich |
| 1997-98 | Real Madrid | Juventus | 1-0 | Ámsterdam |
| 1998-99 | Manchester United | Bayern Múnich | 2-1 | Barcelona |

# Copa de Europa 2000-2009: Últimos vestigios de la mitología

La llegada del nuevo milenio trajo los últimos embates de un fútbol sacudido por la Sentencia Bosman. AC Milan, Bayern Múnich, Manchester United y Liverpool protagonizaron en el Viejo Continente como habían hecho en tantas ocasiones anteriores. También hubo tiempo para las apariciones momentáneas de Bayern Leverkusen, el FC Porto de un tal José Mourinho e incluso Chelsea, este último con el aval de quedarse como un protagonista impensado.

El producto llamado fútbol europeo tuvo un cierre de década extraordinario. Desde Catalunya apareció uno de los equipos más espectaculares de todos los tiempos, el FC Barcelona de Pep Guardiola. Con Xavi, Iniesta, Piqué y Lionel Messi —todos provenientes de La Masía— el club azulgrana se hizo un hueco en la historia como lo hicieran el Real Madrid de los 50, el Bayern de los 70´, el Milan de los 80´ o el Ajax de los 90´. Los catalanes destacarían en el cierre de la década para llevar al balompié continental a un nivel superlativo.

## EL TURNO DE ELLAS

El 23 de mayo de 2002 fue una fecha histórica para el balompié europeo, y es que en el Waldstadion de Frankfurt

se disputó la primera final de la Copa Femenina de la UEFA, en la que los equipos conformado por mujeres rivalizaban por ser las mejores del viejo continente. En un Estadio con más de 72 años y que se preparaba para ser reconstruido de cara a la Copa Mundial de 2006, se enfrentaron el FFC Frankfurt alemán y el Umea IK de Suecia.

Con más de 12000 personas en las gradas, las alemanas se impusieron 2-0 gracias a tantos de Steffi Jones y Birgit Prinz en una jornada memorable que abrió el camino para otras tantas noches de fútbol femenino europeo. Y vaya que el anhelo se transformó en una realidad, pues en la campaña 2009-10, Turbine Postdam venció por penales a Lyon en la que es conocida como la primera Champions femenina en el Coliseum Pérez de Getafe, torneo revalorizado y símil al magno evento disputado por los hombres. En dicha jornada, numerosas personalidades del fútbol se hicieron presente para ver a las futbolistas en un duelo dramático y emocionante. Las futbolistas de Bernd Schröder se impusieron en una tanda de penales maravillosa.

En años de fútbol disputado por mujeres, Olympique de Lyon marcó la pauta al vencer hasta en seis ediciones, mientras que otras tantas entidades se han consolidado. Umea de Suecia levantó dos cetros, mientras que Arsenal festejó en una ocasión. Por su parte, Postdam, Frankfurt, Wolfsburgo y Duisburgo han sacado la cara por las futbolistas alemanas. Las mujeres han ganado su espacio en el fútbol europeo.

## LOS CAMINOS DE SMITH EN ELLAND ROAD

El Leeds United tiene un espacio maravilloso en la historia del balompié inglés, y luego de tener grandes temporadas en la década de los 60´ y 70´, volvió a la élite en el segundo milenio. Luego de finalizar tercero en la Premier League 1999-00, el club dirigido por el irlandés David

O'Leary armó un bloque de lujo en el que se destacaban Harry Kewell, Mark Viduka, David Batty, Ian Harte, Río Ferdinand, Jonathan Woodgate, Robbie Keane y un tal Alan Smith, que figuraría en el torneo.

El club dio de hablar de buenas a primeras, tras clasificar en un grupo compartido con AC Milan, Barcelona y Besiktas, teniendo ante los turcos una jornada memorable que terminó en un categórico 6-0. Ya en la segunda fase de grupos – como establecía el formato de dicha edición-, Leeds, que acababa de perder 0-2 contra Real Madrid, se encontró con Lazio en Roma. El partido entró en la historia de la institución luego que Alan Smith marcara un gol que significó el 0-1 y que terminó siendo decisivo para clasificar a la semifinal europea. El atacante recordó años más tarde que ese tanto significó mucho por la pasión de los ingleses con el balompié italiano desde hacía muchos niños. "Cuando éramos niños, todos crecimos viendo fútbol italiano en el Canal Cuatro, y anotar en el Estadio Olímpico de Roma fue muy especial, sobre todo al conseguir la victoria por 1-0", recordó.

El sueño del Leeds United terminó en semifinales contra Valencia. Lo llamativo del caso es que, a lo largo de su historia, el club inglés fue denominado como un equipo "rudo", llegando incluso a tener el mote de "Dirty Leeds". Contra los hispanos, Smith recordaría siempre el furioso marcaje de Roberto Ayala, célebre defensor de los españoles. "Jugué contra él un par de veces. Parecía que cuanto más golpeabas, más duro se ponía. Los argentinos son reconocidos por lo duros que son y él estuvo a la altura de eso". Sin embargo, para la historia quedaría claro que Smith fue también bastante "duro", y es que producto de sus acciones sobre el terreno de juego, terminó siendo expulsado en Mestalla. Valencia se impuso 3-0, pero la imagen del

Leeds, aunque un poco ruda, terminó siendo espectacular a lo largo del torneo.

## LA RESURRECCIÓN DE ANELKA

Nicolas Anelka llegó al Real Madrid con el aval de ser –en dichos momentos- el artillero más caro de la historia del fútbol. Sus goles en el Arsenal inglés no habían pasado inadvertidos para el club merengue, por lo que su arribo a Chamartín estuvo repleto de expectativas. Pero sus inicios fueron timoratos, el jugador no terminaba de explotar, quedando envuelto en numerosas polémicas.

. Con el arribo de Vicente Del Bosque, el francés explotó en el Mundial de Clubes, donde fue el artillero de su equipo y marcó goles envidiables, uno de ellos tras dejar regado a Dida con particular quiebre incluido. Pero la suerte le era esquiva, y cuando volvió a la capital española, se lesionó el menisco, lo que le dejó fuera del gramado algunos meses.

Anelka volvió a la Liga e hizo un tanto contra Barcelona que le calmó la ansiedad. Sin embargo, poco después, tuvo un contratiempo con su entrenador, a quien le solicitó que viera un video táctico. Del Bosque le señaló que lo haría tras el entreno, a lo que el delantero respondió enfurecido, negándose a entrenarse y jugar. No eran buenas noticias para un equipo que se plantaba contra el Bayern Múnich pocos días más tarde en una decisiva eliminatoria de Copa de Europa de 2000.

Ante el temor de perderse la eliminatoria, el futbolista tomó cartas en el asunto y tras comparecer ante los medios de comunicación, se disculpó con su entrenador y con los aficionados, por lo que fue perdonado, entrenando nuevamente y jugando minutos en la Liga, previo al cotejo continental. Tras muchos problemas, el futbolista finalmente llegaba en buen estado de forma. Y lo demostró. Anelka hizo dos goles en la eliminatoria, uno de ellos con un recordado cabezazo, y metió al Real Madrid en la final de París, paradójicamente su casa. Anelka había mostrado su talento con un accionar valioso, justificando la inversión y resurgiendo en un momento justo.

## LAS ENTRADAS DE MORIENTES

Antes de la final de París de 2000 ante Valencia, el atacante del Real Madrid Fernando Morientes iba menos preocupado que sus rivales. Sin embargo, en el autobús vía al Estadio, le asaltó un pequeño problema, pues no aparecían las entradas que le había dejado a un amigo. "Le dejé tres entradas en la recepción del hotel, pero alguien debe ser que me vio dejarlas, las pidió y las robó. El pobre de mi colega tuvo que acudir a la reventa. Me Iba mandando mensajes. Eso, al menos, sirvió para que me distrajera y olvidara los nervios del partido". Más allá de la reventa, el resultado fue apoteósico para el madridismo, pues Morientes anotó un gol, el partido terminó 3-0 y el Real Madrid obtuvo el cetro.

El nerviosismo que Morientes pudo sortear, fue fatal para el Valencia. En la tarde previa al partido, ambos equipos coincidieron, pero el nerviosismo para el conjunto "Ché" se notó enseguida. "Redondo lo detectó enseguida y nos dijo en el vestuario: ´¿Los habéis visto? Hay que aprovecharlo`. Jugar una final de la Champions por primera vez pesa a cualquiera, incluso a un súper equipo como aquel Valencia". Y vaya que Valencia llegaba tras golear a Lazio y Barcelona, teniendo un equipazo en el que destacaban Mendieta, Cañizares, Djukic, Piojo López y el francés Angloma, quien debía ser detenido por Morientes. "Cómo subía ese tío, era tremendo.... No paraba. Un portento. En una jugada, me tiré al suelo y hasta se me saltó el logo de la bota, la jota roja de Joma. Pensé en que menuda faena para mi patrocinador, porque era el único que llevaba esa marca en el partido", recuerda en El Mundo.

Morientes terminó - tras su paso por Real Madrid, Mónaco y Liverpool - jugando hasta cinco finales de Cham-

pions League. Lo que no esperó jamás es que el destino le llevara a jugar con Valencia CF, donde jugaría algunas temporadas. Sus goles en Mestalla serían recordados, pero el recuerdo de la final de París, con el "Moro" como protagonista, aún duele en la ciudad.

## BUTT VS. JUVENTUS

El cancerbero alemán Hans-Jörg Butt se afanó en dejar su huella en el fútbol a punta de goles: no solamente por evitarlos, sino por hacerlos. Especialista en jugadas de pelota quieta, el cancerbero se puso el mote de jugador de campo para hacer añicos la resistencia rival, teniendo a la Juventus a su víctima favorita.

En el año 2000, Butt defendió los colores del Hamburgo contra la Vecchia Signora en un duelo épico que culminó con empate 4-4. Los transalpinos contaban en sus filas con Inzaghi, Zidane, Davids y compañía, pero el golero pudo hacerse notar al vencer a Edwin Van der Sar desde el punto penal.

El 12 de marzo de 2002, con la camiseta del Bayer Leverkusen, volvió a batir al club transalpino desde el punto penal, nuevamente cruzando el balón al mismo palo y engañando al cancerbero para encarrilar un triunfo por 3-1, que acercaba al club hacia la final de la competencia.

El portero no se cansó de hacer goles y, nuevamente en el panorama internacional, se encontró con Juventus en 2009, en esta ocasión como portero del Bayern Múnich. Otra vez de tiro penal, Butt marcó cruzando el balón y engañando al portero para asestarle un golpe definitivo. El club teutón, dirigido por Louis Van Gaal en ese entonces, ganó por 4-1 el partido y terminó clasificándose a la final del certamen contra el Internazionale.

## GERARD HOULLIER

Uno de los momentos más importantes que tiene un futbolista antes de un partido es el calentamiento que se hace justo antes de iniciar el duelo. El popular atacante del Liverpool Michael Owen, quien había sido una de las sensaciones de la entidad a principios del segundo milenio, se encontraba a punto de salir al gramado para cumplir con la rutina de estiramiento antes de disputar un partido relevante contra AS Roma en Italia en diciembre de 2001, cuando tuvo un incidente muy particular: Phil Thompson, asistente técnico de la entidad que suplía a Gerard Houllier, ausente por temas de corazón, le apartó para darle una buena noticia.

"Recuerdo que no eran circunstancias normales porque Gerard Houllier tenía un problema de salud en el corazón en octubre y aún se estaba recuperando. Su segundo, Phil Thompson, dirigía y estábamos en Italia para jugar ante el Roma. Y una hora antes del partido Phil me dice que vaya al vestuario porque el jefe quería hablar conmigo. Me extrañó porque yo iba a salir a calentar en unos minutos".

El atacante ingresó al vestuario, en el que recibió una gran noticia vía telefónica por parte de Houllier: "Michael tengo que decirte algo que quizá te ayude a rendir mejor esta noche, pero te lo digo con una condición: me tienes que asegurar que no se lo dirás a nadie. Usted ha sido elegido mejor jugador de Europa, es el nuevo Balón de Oro. ¡Felicidades!'". Y así fue, Michael Owen obtuvo el Balón de Oro de dicho año por sus buenas actuaciones en la cancha, mientras que Houllier regresó poco tiempo después en una atmósfera increíble, precisamente ante la Roma

Tras el 0-0 en Italia, ambos equipos jugaron meses más tarde en Anfield Road en el que significó un juego de alto

voltaje y decisivo para pasar de ronda. Luego de cinco meses, Gerard Houllier regresó a los escenarios en un ambiente emotivo y acompañado de lágrimas. Pero cuando inició el partido, Liverpool mostró todo su poderío. Jari Litmanen de penal y un cabezazo de Emile Heskey pusieron el 2-0 definitivo que terminó con las aspiraciones de la AS Roma dirigida por Fabio Capello y que tenía en Francesco Totti, Walter Samuel, Marcos Assuncao y Gabriel Batistuta a algunas de sus principales figuras. Houllier había regresado conmoviendo corazones e inspirando a sus futbolistas.

## 17 PENALES

La definición de la Champions League de 2001 será recordada por haber tenido en el código penal un exceso para destrabar un partido que no halló cómo evitar el empate. A los tres minutos, Gaizka Mendieta abrió el marcador para el Valencia CF por esta vía, Scholl intentó igualar pocos minutos después sin éxito con otro remate desde el punto fatídico y Effenberg finalmente consiguió el 1-1 para el Bayern Múnich en la segunda mitad, también desde los 11 metros.

Tras tres disparos de penal en el tiempo reglamentario, el cotejo se debió definir con otros lanzamientos, pero no había manera que el duelo se definiera con dos cancerberos que eran figuras: Oliver Kahn para los bávaros y Santiago Cañizares para los hispanos. Tras 14 disparos finalmente hubo ganador. El alemán despejó los tiros de Carboni y Pellegrino, y le dio el triunfo al club teutón.

Las lágrimas desbordadas de Santiago Cañizares dieron la vuelta al mundo, pero en el tumulto, Kahn se le acercó para consolarle. El golero manchego había atajado un lanzamiento en la tanda y otro en el partido, pero no había alcanzado para llevarse el triunfo en un duelo cuya paridad no podía romperse.

## PELOTEROS JUGANDO AL FÚTBOL

Tras salir campeón del torneo luso, el sorprendente Boavista se clasificó al certamen continental de 2001. Entre los jugadores de la oncena sonaba el nombre de Pedro Santos, quien tenía la particular característica de ser el primer jugador nacido en Venezuela en disputar minutos en la competición. La fecha cumbre fue el 11 de septiembre, inmortalizada por el atentado terrorista al World Trade Center, en la que disputó unos minutos contra Liverpool en Anfield Road.

Santos nunca llegó a enfilarse la elástica de su combinado patrio, situación que se repitió con Danny Alves, artillero originario de Caracas que disputó minutos con el Zenit de San Petersburgo y que jamás vistió la camiseta vinotinto, decantándose por la casaca de la selección de Portugal. El balompié europeo siempre se nutrió de grandes futbolistas salidos de Suramérica, sin embargo, Venezuela, una nación pegada al Caribe e históricamente vinculada al béisbol, no se destacaba en este segmento. Los tiempos cambiaron.

El tercer venezolano en disputar un partido de fase de grupos de Champions League fue Roberto Rosales. El lateral derecho hizo historia con el FC Twente holandés, llegando incluso a marcar un tanto en el certamen. A diferencia de sus otros coterráneos, sí se enfundó el uniforme de su país. Tras esto, otros jugadores con el pasaporte de la Tierra de Bolívar disputaron el torneo (algunos de ellos en la fase previa): Gabriel Urdaneta (FC Luzern), José Manuel Velásquez (Panathinaikos), Salomón Rondón y Yordan Osorio (Zenit), Nicolás Miku Fedor (Celtic), Tomás Rincón (Juventus), Juan Arango (Borussia Mönchengladbach), Frank Feltscher (Grasshopper), Alexander González (Young Boys) y Ronald Vargas (Anderlecht).

Para la anécdota también quedó el caso de Jeffren Suárez, quien incluso se convirtió en el primer venezolano en ganar el torneo. El jugador figuró en el FC Barcelona de Lionel Messi y compañía, pero rechazó jugar con la Vinotinto por muchos años. Con el tiempo retiró su decisión y se puso la camiseta del combinado de su país de nacimiento.

## EL "ESPAÑOL" DE CIRO FERRARA

El argentino Mariano Bombarda se cansó de hacer goles en el fútbol holandés, donde hizo goles con distintos equipos. El sureño tiene múltiples historias, pues además de formar parte de la escuadra histórica del Willem II que se estrenó en el torneo continental con Thomas Galasek, Adil Ramzi y otros tantos futbolistas que escribieron una página en el país de los molinos, puede jactarse de haber compartido habitación con Robin Van Persie en el Feyenoord de Bert Van Maarwijk.

En un partido contra la Juventus de Marcelo Lippi disputado el 29 de octubre de 2002, el atacante entró para tratar de cambiar la suerte en Turín, donde el resultado no estaba a favor. Su marcaje fue obra de Ciro Ferrara, un histórico defensor italiano que se había dado a conocer en el Napoli de finales de los 80` y que se había asentado en la Juventus. Lo cierto es que el italiano se encargó del delantero argentino, y en una entrada peligrosa, forzó la molestia de Bombarda. Un sonado "La madre que te parió" fue la respuesta de la víctima de la jugada, pero Ferrara no se quedó callado. "¿Cómo? Yo entiendo español. ¡Yo jugué con Diego!", espetó.

De alguna forma unidos por Diego Maradona, la anécdota quedó en el terreno. Tras el partido se fundieron en un abrazo y se rieron del momento. Juventus ganó 2-0 en Italia y continuó en carrera de la competición. Bombarda se quedó anotando en los Países Bajos, donde escribió un nombre muy importante.

## PIE DORMIDO

Otra final en Hampden Park de Glasgow, nuevamente con el Real Madrid en el gramado y Raúl González en plan estelar. El conjunto merengue se jugaba la definición contra el Bayer Leverkusen alemán, tratando de imponer un rol de favorito ante los bávaros, en la edición de 2001-02.

El primer gol del compromiso lo hizo el artillero, un histórico de la Casa Blanca. El delantero remató de primera, cruzado, para vencer al golero rival y poner arriba al equipo de la capital española. Sin embargo, tras la definición, admitiría que su pie estaba dormido en el instante de la jugada.

En el entrenamiento anterior, un plantillazo de Iván Campo, compañero del equipo, le provocó una inflamación en el dedo gordo del pie, por lo que el jugador tuvo que infiltrarse para poder jugar. Pero ante la historia no se amilanó, estampando el remate con el dedo golpeado, que continuaba dormido, para poder destrabar el marcador.

Si bien Lúcio igualó de cabeza, el club merengue se llevó el título con un golazo de volea de Zinedine Zidane que entró en la historia de la competencia. Los españoles celebraron y, entre ellos, Raúl, quien bailó con su pie dormido como si nunca hubiese sido herido. El capitán se lo recompensó. Fernando Hierro, quien no había podido contener a Lúcio en la jugada del gol del empate, fue el encargado en levantar la Orejona, pero sin romper completamente el protocolo, le solicitó a Raúl que se acercara inmediatamente y levantara la Copa junto a él. "La cojo yo pero tú estate al lado, te vienes pronto y la levantamos los dos". Y así fue.

Apenas Hierro tomó el trofeo, Raúl se acercó y entre los dos levantaron la Copa.

## LA COPA DE NEDVED

Todos le temían a Pavel Nedved, la figura checa de Juventus de Turín. El mediocampista ofensivo, rubio y trepidante en el terreno de juego, demolía a todos sus contendores con un juego espléndido que le convertía en el futbolista más desequilibrante de la Liga de Campeones 2002-03.

La semifinal contra Real Madrid encontró a un club transalpino espléndido, pero había un pequeño detalle: Nedved estaba apercibido y cualquier infracción podía quitarle su sueño de jugar el juego definitivo. "Mi mejor regalo sería jugar la final de la Liga de Campeones", había señalado al proclamarse campeón de la Serie A, pero no pudo ser. El árbitro suizo, Urs Meyer, no se apiadó del checo, y al minuto 82, le sacó la tarjeta amarilla.

El club turinés ganó por 3-1, Nedved mostró su elegancia e hizo un gol, pero su alegría no fue completa. Cuando el juez pitó tres veces, el futbolista se arrodilló, se tapó la cara y se puso a llorar. El Delle Alpi, agradecido, empezó a corear "Nedved, Nedved, Nedved" en honor a la estrella, descompuesta pero eterna.

No se sabe qué hubiese ocurrido en la final si el jugador no hubiese recibido la cartulina, lo que sí es cierto es que en Manchester, Milan salió campeón por la vía de los penales y, que pese a todo, el mundo del fútbol le reconoció su talento: fue condecorado con el Balón de Oro de 2003.

## IDA Y VUELTA EN CASA

Internazionale y AC Milan comparten el mítico Estadio San Siro. Por esto, cuando ambos clubes se encontraron en la semifinal de la Champions League de 2003, las dos oncenas no se tuvieron que mudar de ciudad y pudieron jugar, tanto de local como de visitante, en el que consideran su hogar.

El cotejo de ida finalizó con empate sin goles. El club rossonero firmaba la condición de local, por lo que cualquier empate con goles en la vuelta, le daría la clasificación al duelo definitivo. El camino pareció solventarse con un tanto acrobático, desde el suelo, de Andriy Shevchenko. Sin embargo, en los minutos finales, el nigeriano Obafemi Martins emparejó el compromiso y le dio esperanza al club interista.

Fue entonces cuando llegó el acoso para tratar de voltear la historia. Internazionale buscaba con todo el arco rival y a punto estuvo de obtener el triunfo histórico, pero en una jugada para el recuerdo, el cancerbero rossonero Christian Abbiati despejó con la rodilla un disparo de Mohamed Kallon e impidió que el marcador se moviera. En una semifinal particular, en la que los dos equipos se habían dado el lujo de jugar en casa en los dos compromisos, la diferencia fue ínfima. Pero sobre todo, para el recuerdo quedó el despeje del golero italiano, quien había vivido una jornada que le encumbraría como leyenda en el club.

## NO LES HABLÓ MÁS

La final de la Champions League de 2003 encontró un clásico del fútbol italiano entre AC Milan y Juventus de Turín. Lejos de ser un partido repleto de ocasiones de peligro, se saldó con un empate sin goles que llevó a una tanda de penales que terminó con triunfo milanista.

Tras el compromiso, Marcelo Lippi, timonel de Juventus, destacó que dos jugadores de la Vecchia Signora se habían negado a tirar en el desenlace. Paolo Montero, cuyo disparo fue despejado por el golero milanista Dida, contó posteriormente que tildó de "traidor" a uno de estos jugadores —el cual era un símbolo- y que no le habló más por mucho tiempo. Mauro Camoranesi confirmó la historia y añadió

que al poco tiempo después, ambas oncenas volvieron en una tanda de penales en el marco de la Supercopa italiana. Marcelo Lippi no tuvo reparos y en esta ocasión no preguntó quién estaba dispuesto a tirar, sino que los seleccionó a su antojo. En dicha ocasión, los de Turín festejaron.

## CHICAS PARA "CANSAR"

Cuando el Arsenal pisó la capital de Rusia para encarar al Lokomotiv Moscú en la edición de 2003-04, una distracción muy particular les esperaba en el lobby del hotel, en el cual esperaban unas modelos rusas enviadas con el fin de promover un desgaste físico de los futbolistas del club de la capital inglesa. "Cuando llegamos al hotel de Moscú había diez modelos rusas esperándonos, sentadas delante del bar. Más tarde nos explicaron que estaban allí para intentar cansarnos antes del partido", recordó Pascal Cygan, defensor de la entidad, a La voix du nord.

Los futbolistas ingleses no tuvieron su mejor actuación, pero sacaron un valioso empate sin goles en la capital rusa, un escenario en el que suele ser difícil sacar resultados positivos. "No perdimos y, si mal no recuerdo, ninguno de los jugadores fue tan estúpido de caer en esa trampa", recordó Cygan.

## TIEMPOS DE SÚPERDEPOR

Si hubo un equipo que se labró su espacio en el imaginario colectivo del fútbol español, ese es sin duda el Deportivo La Coruña de principios del segundo milenio, un puñado de futbolistas que enamoró a todos con su transitar en el rentado local y en la Champions League por medio de partidos estupendos e inolvidables.

El equipo dirigido por Javier Irureta tuvo un desfile de figuras que jamás se olvidará en suelo gallego, y es que los José Molina, Lionel Scaloni, Nouredine Naybet, Diego Tristán, Roy Makaay, Mauro Silva y compañía disputaban partido tras partido sin amilanarse ante ningún rival. Jovan Capdevila, quien años más tarde haría historia con la selección española, se mostró en esa edición del torneo y años más tarde relató lo que fue estrenarse en Europa y disputar un choque contra David Beckham, quien ya estaba en el tope del fútbol mundial. "Ahí me pasó que, estaba dando clases de inglés, y le pedí al profesor un insulto para usarlo en Inglaterra. Me dijo que como mucho les dijese «be careful» y días después, cuando se me puso Beckham por delante le dije: «Beautiful! beautiful!», porque me confundí. Otra vez, me di un golpe con él que me hizo una herida por encima del labio y estuve días afeitándome sin parar para que se me viera la raja, la gente no dejara de preguntarme qué me había pasado y poder decirles: «Nada, el otro día, un choque con Beckham »", recuerda.

El Deportivo la Coruña gozó de las bondades de Djalminha, un futbolista brasileño enorme que manejaba el balón a diestra y siniestra con regates endiablados. En un partido contra AC Milan, en el mismísimo San Siro, el brasileño le tocó rematar un tiro penal. Lo llamativo es que el futbolista avisó su intención y de igual forma, sin importarle el contexto, marcó y festejó. "Él avisó y todo, dijo: «Lo voy a tirar a lo Panenka», y lo tiró a lo Panenka. Se fue al córner a celebrarlo y nos tiraban de todo, hasta móviles de los Nokia tochos, monedas", recuerda Capdevila nuevamente a JotDown.

Curiosamente, el partido más recordado de la entidad de Galicia fue contra el AC Milan en la campaña 2003-04. Tras perder 4-1 en Italia, las expectativas eran pocas para la vuelta a disputarse en su feudo de Riazor, sin embargo, la historia se hizo presente y con tantos de Pandiani, Luque, Valerón y Fran, Deportivo goleó 4-0 a los transalpinos y clasificó de llave para enfrentar, sin mucha fortuna a FC Porto. La hombrada contra el Milan de Seedorf, Pirlo, Gattuso, Kaká, Shevchenko, Tomasson, Maldini y compañía quedó para la historia en Galicia. Fue tal la exhibición

de los españoles, que una leyenda italiana como Andrea Pirlo, quien sufrió el talento hispano, relató su experiencia años más tarde en su autobiografía. "Cuando el árbitro señaló el descanso, se fueron corriendo hacia el vestuario como si fueran Usain Bolt. No eran capaces de estar quietos". El Milan no pudo con el SúperDepor y el SúperDepor se inmortalizó en Europa.

## LA PROMESA IMPOSIBLE

El FC Porto de José Mourinho marcó una época a principios del segundo milenio, pero antes que llegara el momento dorado en 2004 y que se pensara que este equipo estaba para grandes cosas, Deco, una de las figuras, tuvo la opción de fichar por el FC Barcelona. Sin embargo, el volante era una pieza fundamental para el proyecto del entrenador luso y ante esto, ni el presidente Pinto Da Costa ni el estratega estaban dispuestos a dejarlo salir. Por eso, la negociación pasó por una promesa impensada.

"En 2003, el Barcelona quería contratarme. El presidente Pinto da Costa huía de mí y Mourinho, también. Me acuerdo que Mourinho me dijo que me dejaría salir pero que tenía que hablar con el presidente. Entonces, hablaba con el presidente y me decía que tenía que hablar con Mourinho, que le había dicho que íbamos a ser campeones de Europa. Me empecé a reír y le dije al presidente que ganar la UEFA estaba bien pero que la Champions no la íbamos a ganar ( ) Pinto da Costa me aseguró que Mourinho le había dicho que teníamos opciones de ganar y me prometió que al año siguiente me podría ir donde quisiera", relató años más tarde el futbolista.

Deco se mantuvo en el equipo, y en el año 2004, FC Porto ganó la Champions con una participación descollante del mediocampista. Tras la hazaña, Deco finalmente recaló en la ciudad española mientras que José Mourinho cogió sus maletas y se marchó a Chelsea. Nacía el mito de "The Special One".

## NO CONOCÍA LA COMPETENCIA Y SE HIZO LEYENDA

Un joven en Brasil de 16 años se encontró de improviso con el partido entre FC Porto y Mónaco, que definía al ganador de la edición 2003-04. Para él era sorpresa, pero pocos años después, no solamente jugaría la competencia, sino que se convertiría en mito.

"Estaban jugando un partido el Oporto y el Mónaco y dije: '¿Qué diablos es eso? ¿Champions qué?' y mis amigos contestaron: 'Es la final de la Champions League", recuerda Marcelo, quien tiempo más tarde levantaría el trofeo hasta en cuatro ocasiones con el Real Madrid.

### GESTOS DE MOURINHO

El técnico de Setúbal rompió protocolos para poder dirigir en su querida Champions League. El conocido José Mourinho se encontraba suspendido en instancias decisivas de la temporada 2004-05 y su querido Chelsea jugaba un partido importante contra el Bayern Múnich en Stamford Bridge. Debido a la sanción no podía dar la rueda de prensa previa al compromiso ni acercarse al camerino, por lo que tuvo que inventarse unas artimañas para poder estar con sus dirigidos.

Mourinho se alojó en un hotel cercano y se las arregló para girar instrucciones a sus futbolistas en el medio tiempo. Hubo muchas versiones de este encuentro, pero reina la que señala que luego de que directivos del club lo colaran, tuvo que salir escondido en una cesta de ropa sucia. La treta funcionó y el equipo londinense ganó por 4-2, pero algunos trabajadores del estadio denunciaron el hecho.

El particular Mourinho tuvo otros gestos polémicos en la competición. Cuando visitó al Milan en San Siro, ya como estratega del Real Madrid años más tarde, se acordó de su pasado interista y levantó tres dedos a las gradas haciendo alusión a los tres títulos que obtuvo en la entidad *neroazurra* –Scudetto, Copa y Champions–. Sencillamente el *Special One.*

## LAS BENGALAS A DIDA

Es conocido que los partidos entre Internazionale y AC Milan son de los más apasionados en Europa por la fuerte rivalidad que tienen las dos oncenas de la ciudad de la moda. Por ello, cuando ambos conjuntos volvieron a encontrarse en la instancia de cuartos de final de 2005, todos los focos estaban puestos en tan singular compromiso.

AC Milan encarriló la eliminatoria con un triunfo por 2-0 en el partido de ida, por lo que cuando el ucraniano Shevchenko puso el primer tanto a la media hora del partido de vuelta pareció sentenciar la llave. Internazionale se volcó con todo y empató dicho juego con un tanto de Esteban Cambiasso, diana que les daba esperanza pero que aún no les acercaba lo suficiente para la clasificación. Sin embargo, el árbitro Marcus Merk anuló el gol para desgracia neroazurra. Las repercusiones no se hicieron esperar. Numerosos fanáticos interistas empezaron a arrojar objetos al terreno de juego, obligando a que el partido se detuviera. Uno de los materiales lanzados fue una bengala que impactó en el hombro de Dida, portero del AC Milan, y que le provocó severas quemaduras. La situación no mejoró, y tras 20 minutos de estar detenido el juego, el juez resolvió finalizar el compromiso ratificando la clasificación del AC Milan.

Dida se recuperó con el pasar de los días, pero dos años más tarde volvió a tener un episodio violento, aunque con algo de actuación. En un cotejo contra Celtic de Glasgow, un aficionado entró al terreno de juego y le propinó un leve golpe en la mejilla. Dida exageró la acción y salió en camilla del gramado, pero tras demostrarse el show, fue suspendido por un partido.

## EL FANTASMA

Luis García se tomó bien su momento cumbre con el Liverpool. En la semifinal de la justa continental de 2005, disputado ante Chelsea en Anfield Road, hizo un gol decisivo que nadie alcanzó a ver con propiedad. Ningún aficionado presente en el estadio ni las cámaras de televisión pudieron atrapar con precisión el particular "gol fantasma" que fue determinante para clasificar.

La jugada convirtió a García en un mito para los seguidores de Liverpool, quienes pudieron celebrar pocos días después en Estambul. Sabiendo su fama, el futbolista le sacó provecho en las fiestas de terror. Con el pasar de unos años, el jugador se acostumbró a colgar en sus redes sociales una foto disfrazado de fantasma, incluso en una de ellas puso un balón y un pequeño arco. "¡Los fantasmas serán fantasmas! ¡Feliz Halloween a todos!", llegó a escribir en una ocasión.

## EL DISCURSO DE ESTAMBUL

Milan ganaba 2-0 cuando Rafa Benítez, entrenador del Liverpool, empezó a trabajar la charla técnica y a pensar los cambios tácticos de cara al segundo tiempo. "Estaba tomando notas cuando acababa el primer tiempo. Tenía que dar la charla en inglés y se iban a perder muchos matices. Mientras lo preparaba nos metieron el tercero, así que tuve que cambiarlo todo en unos segundos", explicó. Era la final de la Champions League de 2005 y los italianos se iban al descanso con un cómodo 3-0 en el marcador en Estambul.

Sin embargo, en el camerino, Benítez dictó una charla técnica de la que hay muchos mitos, pero que sin duda funcionó. "No bajen la cabeza. Todos los que vuelvan al cam-

po ahora tienen que tener la cabeza alta. Somos el Liverpool, jugamos para el Liverpool. No lo olviden. Tienen que mantener la cabeza alta por los aficionados. Tienen que hacerlo por ellos. No se podrán llamar jugadores del Liverpool si bajan la cabeza. Si creamos algunas oportunidades tenemos la posibilidad de darle vuelta a esto. Crean que pueden hacerlo y lo haremos. Dense la oportunidad de ser héroes", se dice que fueron sus palabras para estimular, aunque el propio estratega desestimó parte de la historia. "No soy tan poético. No dije eso", reconoce Rafa en cuanto a esa última línea que dice "Dense la oportunidad de ser héroes". Lo cierto es que el club británico salió con todo en la segunda mitad y anotó tres tantos en solo seis minutos que igualaron el partido: 3-3 y a los penales. En los disparos, Jerzy Dudek, portero polaco del club inglés, se acordó de Grobbelaar, y copiando los bailes de su antecesor, aunque con un poco más de movilidad, atajó los disparos de Pirlo y Shevchenko para darles el triunfo a los suyos.

En cuanto a la charla, Benítez da su versión definitiva: "Les dije que dieran la cara por los aficionados, apelé a su profesionalidad y les señalé que si marcábamos pronto lo podíamos lograr. Luego he visto en vídeo cómo cantaba nuestra gente al descanso y era algo impresionante".

La famosa charla técnica de Benítez ha sido motivo de muchas leyendas, lo que queda claro es que además de las palabras del entrenador, hubo variantes técnicas fundamentales. "Decidimos jugar con defensa de tres y dar entrada a Hamann en el centro para que estuviera atento a Kaká, liberar a Gerrard y que se acercase más al área contraria. Así llegó el primer gol. Smicer, Steve (Gerrard) y Luis García debían explotar los huecos cercanos a Pirlo. Nos salió bien. Cuando empatamos no tenía ningún lateral derecho específico y se lo dije a Gerrard. Ese día Steve jugó en tres posiciones distintas", recordaría el estratega.

Pero también se han contado muchas otras cosas, por ejemplo se dice que Benítez alineó a 12 futbolistas en la charla, incluyendo a Hamann pero sin quitar a otro, corrección que hizo uno de los fisioterapeutas. Por su parte, se dice que Steven Gerrard, santo y seña de la entidad inglesa, dio otras palabras inspiradoras. Paco Herrera, otro de los hispanos de la entidad contó tiempo después su versión de los hechos: "Primero habló Rafa. No fue una charla muy emotiva. Él no lo es. Él es muy frío. Se mostró como es. Calmado, reposado. Les explicó los cambios. Cuando nosotros salíamos, Gerrard se quedó con sus compañeros. No es que nos echara. Les soltó un pequeño mitin. Luego siguió sobre el terreno de juego. No paraba de decirles cosas. Era el líder indiscutible a pesar de que no era el más veterano. De ese segundo tiempo recuerdo estar sentado en el banquillo al lado de Ochotorena y comentar que estábamos seguros de que iba a pasar algo grande. Era una intuición".

El Milagro de Estambul fue considerado por los lectores del *Daily Telegraph* como el mejor momento deportivo de la década, junto a la final de Wimbledon de 2008 entre Rafael Nadal y Roger Federer. Pero no fue posible solamente por las palabras de Benítez, el empuje de la afición resultó determinante. En aquella jornada de Estambul, numerosos aficionados del Milan vendieron sus entradas a los ingleses y el estadio se inclinó a favor de los Reds.

Cuando el cotejo iba 3-0, Liverpool se acercó en el marcador por intermedio de Gerrard, y Paolo Maldini, ícono milanista, recordó cómo ese momento fue crucial para el porvenir del compromiso. "Nuestros fanáticos habían vendido sus entradas a los fanáticos del Liverpool. Recuerdo el primer gol. Pude ver a Gerrard y a (Jaap) Stam y yo estaba a punto de gritar: '¡Tengan cuidado! ¡Él viene! Pero no dije nada. Luego, el balón entra y Gerrard marca. Me digo a mí mismo: '¡Oh, mierda! ¿Por qué no dijiste algo?". El desen-

lace es conocido. Liverpool remontó y ganó por penales en una jornada histórica.

## MOURINHO VS. RIJKAARD

Los enfrentamientos entre Chelsea y FC Barcelona propiciaron duelos de vértigo, espectacularidad y, sobre todo, de mucha polémica. En la campaña de 2004-05, el club inglés, dirigido por José Mourinho, se encontró al FC Barcelona, que lideraba el célebre Frank Rijkaard, en la instancia de octavos de final.

Previo al duelo de ida a efectuarse en Camp Nou, el portugués se atrevió a dar las alineaciones de los dos equipos en la conferencia de prensa. Señaló que el club catalán tendría a Valdés, Puyol, Belletti, Márquez, Van Bronckhorst, Albertini, Xavi, Deco, Giuly, Eto'o y Ronaldinho. Y que por los suyos jugarían Cech, Ferreira, Terry, Carvalho, Gallas, Lampard, Makelele, Tiago, Cole, Drogba y Gudjohnsen. El luso acertó en gran medida, teniendo solo un "error", ya que pese a decir con perfección el 11 catalán, en su equipo jugó Damien Duff en lugar del islandés Gudjohnsen. La estratagema estaba funcionando. Chelsea ganaba gracias a un gol en propia meta de Belletti y el panorama se vislumbraba positivo. Sin embargo, la expulsión de Didier Drogba terminó afectando a los suyos y propiciando la remontada catalana. Barcelona se llevó el triunfo por 2-1 y Mourinho terminó fustigando a Rijkaard. "Cuando vi a Rijkaard entrar en el vestuario del árbitro no pude creerlo. Cuando Drogba fue expulsado no me sorprendió", destacó. Las declaraciones llevaron a repercusiones insospechadas. El árbitro Andreas Frisk recibió amenazas y terminó retirándose poco tiempo después.

Pese a todo, en la vuelta, los ingleses se impusieron por 4-2 con una espectacular actuación del islandés Eidur Gudjohnsen, el mismo que no había sido titular en la ida, que les dio el billete a los cuartos de final. Mourinho había ganado la partida al mítico estratega tulipán.

Sin embargo, en la siguiente temporada, los dos clubes volvieron a medirse en instancias decisivas. No obstante, las heridas no habían cicatrizado y la polémica volvió a reinar en el ambiente cuando una infracción de Asier del Horno sobre Lionel Messi dejó a su equipo con 10 jugadores en el partido de ida efectuado en Stamford Bridge, que finalizó con triunfo hispano por 2-1.

"El resultado es 2-1. ¿Qué podemos hacer? ¿Vamos a suspender a Messi por hacer teatro? Sí, ha hecho teatro. Catalunya es un país de cultura y sabéis lo que es. Es teatro del bueno", dijo posteriormente Mourinho en la rueda de prensa. En la revancha, el duelo finalizó 1-1, gracias a tantos de Ronaldinho y Lampard, y el Barcelona accedió de ronda. Rijkaard consumaba una venganza perfecta, siendo antesala al título europeo que convertiría al holandés en un símbolo de la institución.

## HIZO POSIBLE LO IMPOSIBLE

El pequeño Harvey Esajas no era muy talentoso, pero sí muy simpático. Holandés de origen surinamés se enroló en las categorías inferiores del Ajax de Ámsterdam, en la que hizo amistad con el histórico Clarence Seedorf, pero Louis Van Gaal le descartó tras no enamorarse de sus aptitudes.

Pero Esajas no se rindió. Consiguió un hueco en el Feyenoord y tuvo un debut poco promisorio en el que incluso fracturó a otro futbolista. Pasó tres años en Rotterdam, donde prácticamente no jugó, antes de marcharse a clubes holandeses sin excesiva tradición antes de pensar en la retirada.

Sin embargo, Seedorf se apiadó de él, consiguiéndole algunas pruebas en algunos clubes españoles de Segunda y Tercera División, en los que tampoco se destacó en demasía, pero la suerte le volvió a acompañar, luego de que su fiel amigo convenciera a Lorenzo Sanz para que le llevara al poderoso Real Madrid, corriendo con sus gastos y per-

mitiéndole el deseo de formar parte de uno de los clubes más poderosos del mundo. Pero la aventura de Esajas en la capital española no duró mucho más.

Se dice que regresó a Surinam a jugar en un club de poca monta, que limpiaba platos y que trabajaba en un circo, pero el bueno de Seedorf volvió al rescate: Esajas fichó por el Milan de Carlo Ancelotti. Por supuesto casi no jugó, solamente lo hizo en un partido decidido de Copa Italia, en la que dio un rocambolesco pase que terminó en los botines de Tomasson, quien no pudo anotar para engrosar las estadísticas de "habilitador" de Esajas. "Es un gran chico e hizo mucho esfuerzo todo el año", dijo su estratega tras el compromiso.

Lo cierto es que Esajas formó parte del plantel que perdió la Champions contra Liverpool en la final de Estambul de 2005. "Soy un hombre que hizo posible lo imposible", definió el "futbolista" que tuvo el lujo de pasar de lavar platos a hacer vida en cuatro campeones de Europa: Ajax, Feyenoord, Real Madrid y AC Milan. Compartió plantel con jugadores tan increíbles como Kaká, Shevchenko, Roberto Carlos, Fernando Hierro, Raúl y, por supuesto, Clarence Seedorf.

## LAS AMENAZAS DE MAKÉLÉLÉ

Si había un futbolista que podía intimidar a cualquiera, era Claude Makélélé, mediocampista de contención que marcó una época en Real Madrid y Chelsea, entre otros. Titular indiscutible, el jugador no tenía límites sobre el terreno de juego, pero cuando se encontró frente a frente con Ronaldinho en la Champions, perdió los estribos. En la recordada eliminatoria de 2006 contra FC Barcelona, Makélélé quiso intimidar al brasileño, quién con sus endiablados regates, emocionaba a unos y desesperaba a otros. "En un momento sentí que Ronaldinho comenzó a abusar con tantos lujos. Me acerqué y le dije: 'Eres un niño, prefiero que salgas del partido porque tienes muy buenas condiciones, pero todos tus trucos de PlayStation van a hacer que te mande al hospital'", amenazó el francés.

Lo sorprendente fue la respuesta del vertiginoso brasileño. Tomó el balón con la mano, se lo dio al francés y le espetó "perdón, anciano". Con humor el brasileño salía del trance. No tuvo su mejor partido, pero al final de la llave, Barcelona se consagraría campeón del certamen tras superar la difícil llave contra Makélélé y compañía.

## PRIMERO Y ÚLTIMO DE RIQUELME

Para Villarreal la temporada 2005-06 fue memorable. El modesto club español se clasificó a la competencia de clubes más importante del Viejo Continente. Y en su primer partido, contra Benfica, no defraudó, igualando 1-1 con gol de Juan Román Riquelme por la vía penal. El astro argentino, figura de la entidad, había convertido el primer tanto en la historia de la divisa en la competición.

El gaucho sostuvo el liderazgo de la oncena canaria hasta la semifinal, en la que se encontraron con el Arsenal de Inglaterra. El partido de ida, disputado en Londres, se saldó con éxito británico 1-0, por lo que en la vuelta, Villarreal tendría opciones para obtener la remontada.

El duelo parecía terminar en 0-0, hasta que en los instantes finales, los españoles gozaron de una inmejorable oportunidad para forzar la prórroga tras la señalización de un tiro penal. Riquelme se paró ante la historia pero falló su disparo. El autor del primer tanto del equipo en la Champions, había tenido otro penal para el recuerdo, pero el alemán Jens Lehmann se lo atajó. Pese a ser uno de los jugadores más legendarios en El Madrigal, el enganche talentoso no pudo evitar la eliminación.

## FICHAJES CAÑONEROS

El particular ojo de Arsene Wenger dio siempre muchos réditos para el Arsenal de Inglaterra, y no solo por su ca-

pacidad para dirigir a sus jugadores, sino también por su talento para escogerlos y de esta manera armar equipos competitivos que le brindaran numerosos títulos a la institución. En este proceso de creación de un equipo que despuntara Europa, firmó a dos talentos de manera particular.

El primer caso fue el de Kolo Touré. El estratega se sumergió en el campo de entrenamiento para analizar el trabajo del joven jugador, quien buscaba aprovechar su oportunidad. El defensor marfileño no se amilanó, se destacó por su rudeza, ingresando con fuerza sobre Thierry Henry cuando éste recibió el balón. En duelo oficial hubiese sancionado con cartulina roja, pero Wenger se limitó a llamarle la atención. Poco después, tras otra jugada similar, la víctima fue Dennis Bergkamp, por lo que el timonel resolvió con un nuevo señalamiento. Más tarde, cuando el balón cayó cerca de Wenger, Touré volvió a entrar con fuerza y le llevó al suelo. El periodista John Cross contó posteriormente: "Kolo estaba llorando, su gran día se había arruinado. Fui al cuarto de los servicios médicos y ahí estaba Wenger, con hielo en su tobillo, diciendo ´no creo que haya sido su intención´. Me dijo después ´firmamos a Kolo mañana. Me gusta su deseo´. Wenger sabía que podía sacar lo mejor de Kolo y se convirtió en un gran jugador para el club".

Otro caso fue el Robert Pires, aunque en esta ocasión, fue un *scout* quien tomó la determinación. "Vi a Robert Pires 14 veces y me convenció la 14ª. Lo vi jugando en casa y fuera. Lo vi con su selección nacional y con su club. Lo vi cuando hacía frío y cuando hacía calor. Por la derecha, por la izquierda y en una posición más centrada. En todas las circunstancias que puedas imaginar. La única duda que teníamos con él era su fortaleza mental. Lo fui a ver el día anterior a que naciera mi primera hija. Cuando regresé a casa, tuve que llevar a mi mujer directamente al hospital: por poco me pierdo el nacimiento. Robert estaba jugando con el Marsella en Sedán. Si el Marsella perdía, bajaba de categoría. Imagínate el nivel de presión, es como si el

Manchester United estuviera a punto de descender. Pires estuvo a un nivel increíble ese día: se echó el equipo a la espalda. Fue algo fantástico. El día siguiente, esperando a que naciera mi hija en el hospital, llamé a Arsene [Wenger] y le dije: "Tengo dos noticias. La primera es que estoy en el hospital porque mi hija está de camino. La segunda: ficha a Pires", relató posteriormente Damien Comolli.

Lo cierto es que ambos jugadores se establecieron en el club londinense, siendo piezas fundamentales del equipo en el año 2006, inolvidable para la institución. En dicha campaña, los dos futbolistas fueron parte del 11 titular que se enfrentó al FC Barcelona en la final de la Liga de Campeones.

## EL PADRE DE PUYOL

Carles Puyol vivió una noche muy especial en París en el 2006. En aquella jornada, Barcelona logró levantar su segunda Copa de Europa, de la mano de Frank Rijkaard como técnico, tras imponerse por 2-1 al Arsenal de Arsene Wenger en el juego definitivo y marcó el inicio de unos años espectaculares en los que continuaría arrollando a sus rivales.

Si bien el club azulgrana contó con Ronaldinho, Samuel Eto'o, Mark Van Bommel, Gio van Bronckhorst, Andrés Iniesta y Deco entre algunas de sus figuras, lo que más disfrutó de su jornada Puyol no fue rodearse de tantas estrellas, sino ver a su padre en las gradas, quien poco después fallecería en un accidente con una excavadora.

"Fue un día espectacular, es el único partido que vio mi padre. Nunca había venido a verme jugar y vino obligado por Manel Sostres. Es uno de los recuerdos y al menos me vio ganar una Champions, que es un título muy importan-

te. Él veía los partidos por la tele, nunca se metió en mi trabajo", contó el defensor español.

## CORTE DE MANGA Y GOL RÉCORD

Corrían los minutos finales del partido de ida de los octavos de final del 2007 y Real Madrid sacaba ventaja con un 3-1 que brindaba optimismo contra el Bayern Múnich, en un viejo clásico europeo. Sin embargo, en los instantes finales, el holandés Mark Van Bommel recogió un balón al borde del área y disparó con fuerza a la puerta del equipo español para colocar el 3-2 definitivo, que le dio aires de remontada a la eliminatoria.

Sin embargo, la polémica rondó por el ambiente, ya que una vez hecho el tanto, el tulipán festejó haciendo un corte de manga en el Santiago Bernabéu, que calentó más el ambiente y enfadó a la hinchada merengue. "Quiero pedir perdón a la afición, pero no a algunos jugadores del Real Madrid. ¿Cuáles? Eso me lo guardo. Después del gol sentí muchas emociones, pero siento lo que hice", detalló el jugador tras el compromiso. La polémica rondaba en el ambiente, entre otros condimentos, por haber sido exjugador del FC Barcelona, eterno enemigo de la entidad blanca.

El poderoso artillero holandés Ruud Van Nistelrooy, autor de uno de los tantos madridistas, señaló su disgusto con la actitud de su compatriota. "Le dije que estaba muy mal hacer ese tipo de cosas, y me dijo que respetaba a la afición y que solo fue una explosión de júbilo", explicó.

El gol de Van Bommel funcionó. En el partido de vuelta, el club alemán encarriló la eliminatoria velozmente con un tanto de otro holandés, Roy Makaay, quien batió a Casillas a los 10,12 segundos, convirtiendo el gol más rápido en la historia de la competición hasta la fecha. El duelo finalizó

2-1 y el club germano pasó de ronda eliminando al club español prontamente.

## TRES CLUBES PARA SEEDORF

El holandés Clarence Seedorf saboreó las mieles del éxito continental por primera vez con el Ajax en 1995, cuando el club holandés se impuso por 1-0 al AC Milan en Viena. "Todo el mundo sueña con ganar la final de la Copa de Europa, y yo tengo la suerte de haberlo logrado con tan solo 19 años. Tan pronto como me desperté (el día después de la final) me sentí diferente, extraño, de manera especial", narró a la UEFA años más tarde.

Pero ahí no acabó el sueño europeo. El jugador recaló una temporada en el Sampdoria y posteriormente se marchó al Real Madrid, club con el que disputó su segunda final continental ante Juventus de Turín. El duelo se escenificó en un estadio que fungía como su casa particular, el Ámsterdam Arena, y el Real Madrid salió campeón. Pese a ser un jugador muy joven, en 1998 ya había conseguido dos veces la Orejona en su palmarés personal. Pero ahí no acababa su trayectoria: disputó con el club de la capital hispana seis partidos en la edición de 2000-01, por lo que sumó otra Champions en su palmarés.

Posteriormente, Seedorf se marchó al Internazionale sin mucha fortuna continental, pero cuando dos años más tarde fichó por el AC Milan, su carrera volvió a saborear glorias europeas. En la campaña 2002-03, Seedorf encaró a sus exequipos: venció al Real Madrid en la fase de grupos, superó al Ajax en cuartos de final y eliminó al Internazionale en la semifinal. Ya en el cotejo definitivo, Milan derrotó a Juventus, ese rival contra el que había levantado su segunda Copa, y alzó un nuevo cetro continental, el cual le convirtió en el primer jugador en la historia en ganar la Champions con tres clubes diferentes. Pero su sed de triunfo no terminó ahí: Seedorf fue subcampeón en 2005 tras caer ante Liverpool y volvió a triunfar en 2007, donde hizo

un buen partido –nuevamente ante los Reds– antes de ser sustituido y celebrar su quinta Copa.

## EL PAPÁ DE SERGINHO

Cuando AC Milan se impuso por 2-1 a Liverpool en la final de la Copa de Europa de 2007, disputada en Atenas, los festejos no se hicieron esperar. Tras el compromiso, Carlo Ancelotti, estratega de la escuadra, se encontraba de buen humor y el equipo lombardo celebraba con bebidas espirituosas.

Serginho, jugador del club rossonero, se acercó tambaleante y le dijo al timonel: "Carlo, tú eres mi papá". A lo que Ancelotti respondió: "Pero qué dices Sergio, si eres más viejo que yo. Eres demasiado feo para ser mi hijo". El brasileño no se detenía, besándole y rindiéndole pleitesía. "Tal vez era amor verdadero", concluyó posteriormente el director técnico.

## EL SONIDO DE LA CHAMPIONS

Stuttgart había dado mucho de hablar en Alemania con un título de Bundesliga que pocos habían previsto, y por ello, su participación en la Champions 2007-08 no dejaba de despertar la curiosidad de muchos. Pero en un grupo difícil en el que estaba Glasgow Rangers, Lyon y Barcelona, las posibilidades de trascender eran bastantes complicadas.

Sin embargo, lo cierto es que pese a esto, Stuttgart tuvo partidos muy buenos, como el que disputó contra Glasgow Rangers en Escocia y si alguien recuerda semejante jornada es Pavel Pardo, conocido futbolista mexicano que se hizo sentir en el torneo, luego que en dicho partido, estampara un fuerte disparo desde fuera del área para anotar un gol que jamás olvidaría. Con el tiempo confesó que dicho tanto fue de los mejores momentos de su carrera, pese a que su equipo perdió 3-2 contra los escoceses.

Años más tarde, Pardo habló públicamente sobre su participación en el torneo y cuando le fue preguntado por la sensación de escuchar el himno de la Champions, fue bastante enfático con su respuesta: "La sensación es similar a cuando haces el amor", relató.

## RESBALÓN

Moscú 2008. La final de la Copa encontraba a dos equipos ingleses que no conseguían destrabar un partido muy difícil. Tras 120 minutos de mucho fútbol, goles y esfuerzos, la tanda de penales parecía por fin definirse para el Chelsea. El capitán John Terry asumió con gallardía la responsabilidad de tirar el lanzamiento definitivo, que en caso de colarse en la red, le daría el primer título a los suyos. El guion había sido perfecto. Por los londinenses, Michael Ballack, Juliano Belletti, Frank Lampard y Ashley Cole habían anotado, mientras que el cancerbero Petr Cech había desviado el disparo del portugués Cristiano Ronaldo.

Lo que no muchos sabían es que John Terry no estaba en los planes para disparar, ya que había sido seleccionado como último recurso tras la expulsión de Didier Drogba en el cotejo. Pese a todo, con firmeza y un vendaje en el hombro, el futbolista se dispuso a golpear sin sobresaltos.

El jugador disparó, pero la celebración de muchos se ahogó de manera increíble. El defensor engañó a Edwin Van der Sar, portero del Manchester United, pero tras resbalarse, el balón golpeó al poste y se fue ligeramente desviado, dándole una nueva vida a los *Red Devils*. El destino había sido cruel con el jugador, ya que minutos después, Van der Sar atajó el lanzamiento de Nicolas Anelka para

convertirse en héroe y el club rojo levantó el trofeo. Chelsea tendría que esperar.

## LAS NECESIDADES DE LEHMANN

En diciembre de 2009, Stuttgart encaró a Unirea Urziceni en la fase de grupos de Champions y Jens Lehmann, experimentado cancerbero del club alemán, no pudo contener sus ganas. El jugador tuvo impulsos de ir al baño y aprovechó un momento para ir detrás de las vallas publicitarias cercanas a su portería y orinar.

Sin embargo, un ataque del conjunto rumano detuvo el momento, y el golero tuvo que regresar rápidamente al arco para evitar recibir un gol. El partido terminó 3-1 para los bávaros, pero los reportes se quedaron con el curioso momento. Horst Heldt, director deportivo de la entidad, salió al paso a defender al golero: "A veces simplemente no hay opciones". Por su parte, Lehmann, de 40 años de edad y próximo al retiro, señaló que "llevaba mucho tiempo sin haber estado tan nervioso".

## INSTRUCCIONES

En el 2009, Internazionale de Milán visitó al Rubin Kazan con la idea de sumar en la fría Rusia. Los dirigidos por José Mourinho no contaban con casi delanteros, ya que el camerunés Samuel Eto'o y el argentino Diego Milito se encontraban lesionados, motivo por el que el único jugador que haría las veces de artillero sería el conocido italiano Mario Balotelli.

Cuando quedaban pocos minutos para que finalizara la primera mitad, el delantero recibió una tarjeta amarilla, por lo que el estratega portugués habló en medio tiempo con el atacante para que se cuidara en demasía. "Estuve 14 de los 15 minutos del entretiempo hablando con Mario en el vestuario. Pidiéndole que no entrara en juego, no tocara a nadie, no entrara en provocaciones y no reclamara nada al árbitro", confesó el técnico tiempo después.

El tema es que cuando se reanudó la segunda parte, Balotelli recibió la cartulina roja en las primeras de cambio. La charla no había cuajado frutos y el Internazionale tuvo que jugar con 10 jugadores por el tiempo restante, pero al menos pudo sacar un empate a un gol.

## PARTOS GRACIAS A INIESTA

El 6 de mayo de 2009, Chelsea y Barcelona se batían en la semifinal de la Champions League y el resultado arrojaba la clasificación para los ingleses. Sin embargo, en la última jugada del partido, Andrés Iniesta disparó con fuerza desde el borde del área y puso el 1-1 que le dio la clasificación a los catalanes, en una de las jornadas más vibrantes en la historia de la competencia.

Y vaya que el festejo fue desmedido, hasta nueve meses más tarde. El Hospital Quirón de Barcelona aseguró a *Europa Press* que a las 39 semanas del partido, los partos aumentaron un 50%. Mercedes Rodríguez, del Centro Hospitalario, aseguró que el lugar, que atendía entre nueve y diez partos por día, aumentó notablemente su trabajo para atender hasta a 15 personas por día en dichas fechas. El gol de Iniesta aumentó la población catalana.

## PODIO DE 2000-09

| Edición | Campeón | Subcampeón | Resultado final | Sede |
|---|---|---|---|---|
| 1999-00 | Real Madrid | Valencia | 3-0 | París |
| 2000-01 | Bayern Munich | Valencia | 1-1 (5-4 penales) | Milán |
| 2001-02 | Real Madrid | Bayer Leverkusen | 2-1 | Glasgow |
| 2002-03 | AC Milan | Juventus | 0-0 (3-2 penales) | Manchester |
| 2003-04 | Porto | Mónaco | 3-0 | Gelsenkirchen |
| 2004-05 | Liverpool | AC Milan | 3-3 | Estambul |
| 2005-06 | Barcelona | Arsenal | 2-1 | París |
| 2006-07 | AC Milan | Liverpool | 2-1 | Atenas |
| 2007-08 | Manchester United | Chelsea | 1-1 (6-5 penales) | Moscú |
| 2008-09 | Barcelona | Manchester United | 2-0 | Roma |

# COPA DE EUROPA 2010-20: EL FÚTBOL MODERNO

El mundo globalizado aprovecha al milagro del deporte más importante del mundo. Los clubes de élite cada día son manejados por emporios chinos o jeques árabes que monopolizan el dominio del fútbol europeo, haciendo cada vez más abismal la diferencia entre los clubes chicos e gigantes. Se rompen récords de traspasos día tras día y todos los jugadores del mundo quieren ir a la Champions, el fútbol ha cambiado para siempre.

Los clubes que han podido adaptarse a la embestida de los petrodólares continúan disputándose en la élite, como Real Madrid, Barcelona, Juventus, Bayern Múnich o Manchester United, mientras que algunos históricos han quedado rezagados en el camino, como son los casos de Ajax, Steaua Bucarest, Estrella Roja, Liverpool o AC Milan, por culpa de la burbuja económica.

En el camino, sin embargo, hay agradables sorpresas. A punta de dinero, Paris Saint Germain vuelve a sonar con fuerza en Europa y el Chelsea se establece como un club gigante, mientras que Borussia Dortmund se da el lujo de competir codo a codo contra todos y el Atlético de Madrid aparece, muy por debajo a niveles presupuestarios que

Barcelona y Real Madrid, basándose en una garra extraordinaria que les ha llevado a jugar instancias decisivas.

## SUPLENTES DE LUJO

En noviembre de 2008, Liverpool se impuso 3-1 a PSV Eindhoven holandés, equipo que tenía en sus filas a un tal Reimond Manco, jugador peruano que hizo carrera en el fútbol internacional y que recordaría su paso por la Champions con mucho cariño. El futbolista ingresó en lugar del ecuatoriano Edison Méndez y vivió unos minutos inolvidables. "Lo que más me queda de Europa es el día que debuté en la Champions League contra el Liverpool. Jugaron con suplentes y en la banca estaban Xabi Alonso y Steven Gerrard. Pensé que estaba jugando Play Station", recordó años más tarde.

El futbolista no olvida su primera impresión, en la que tuvo un encuentro particular con un futbolista argentino de alto nivel. "Me acuerdo también que en la primera pelota que toqué, Javier Mascherano me hizo volar. Pero de ahí intercambiamos camisetas, todo bien. Un crack en todo aspecto", enfatizó el jugador "inca". Manco no consiguió hacer historia en el torneo continental, sin embargo, dejó en alto el nombre de su país y consiguió jugar contra los más grandes, incluido el crack argentino.

## DON MILITO SE DISCULPÓ

Don Jorge Milito podía estar muy orgulloso de sus hijos ya que tanto Diego como Gabriel estarían en la semifinal de la UEFA Champions League de 2010, cada uno con una elástica distinta: Diego jugaría con la del Internazionale mientras que Gabriel estaría en el banquillo del FC Barcelona, hecho particular que le daba un condimento extra a la llave.

Lo cierto es que la ida disputada en Italia, Internazionale consiguió darle vuelta al partido y llevarse una sonada victoria 3-1 contra los catalanes, resultado que les daba una gran ventaja. El tercer tanto, un sobrio cabezazo de Diego Milito destapó una gran alegría, y por supuesto, Don Jorge lo festejó ávidamente omitiendo en el momento que Gabriel se encontraba en el banquillo del rival. "Recuerdo el partido de ida, mi hermano estaba en el banco y mi padre festejó el tercer gol, el mío, y luego se disculpó", aseguró años más tarde El Príncipe.

El triunfo fue fulminante, pues pese a la derrota 1-0 en la Ciudad Condal, Internazionale clasificó a la final contra Bayern Múnich y Diego anotó los dos goles del partido. 2-0 histórico y en esta ocasión Don Jorge sí pudo festejar airadamente. Gabriel terminó sin jugar un minuto en la llave, pero pudo levantar el trofeo con el FC Barcelona hasta en dos ocasiones.

## FÚTBOL SIN FRONTERAS

Las consecuencias de la Sentencia Bosman dilapidaron la equidad en el balompié europeo, teniendo su cénit en el segundo milenio. Por eso, cuando la final de la Copa de 2006 encaró a Arsenal y Barcelona con jugadores de 12 nacionalidades -nada más en el cuadro londinense hubo ocho-, nadie se sorprendió.

En 2010, José Mourinho guio al Internazionale a la final de la competencia. El 11 del club *neroazurro* estuvo conformado por Julio César, Maicon, Lúcio, Walter Samuel, Christian Chivu, Javier Zanetti, Esteban Cambiasso, Wesley Sneijder, Samuel Eto'o, Goran Pandev y Diego Milito. No hubo ningún italiano desde el pitazo inicial, y el único en jugar fue Marco Materazzi, quien ingresó en el último minuto de descuento.

## ROBBEN Y SNEIJDER, REYES DEL BERNABÉU

Cuando el Real Madrid firmó a Arjen Robben y Wesley Sneijder, dos de los jugadores holandeses más importantes del momento, la presión rondaba en el ambiente. La vara era muy alta y tras rondas de entrenadores, lesiones y altibajos, ambos jugadores se fueron de la entidad a otros clubes europeos, dejando damnificado al conjunto de Manuel Pellegrini.

Pero el mundo da muchas vueltas, y a las primeras de cambio, ambos jugadores resurgieron de las cenizas. Robben se marchó al Bayern Múnich de Louis Van Gaal, mientras que Sneijder hizo lo propio en el Internazionale de José Mourinho. Ambos guiaron a sus clubes a la cima europea en solo un año.

El destino tenía una jugarreta pensada. La final de 2010 se efectuó en el Santiago Bernabéu y los dos tulipanes desfilaron en su antigua casa como figuras en sus respectivas oncenas. La moneda cayó hacia el lado de Sneijder, ya que su Internazionale se impuso por 2-0 y se consagró rey de Europa gracias a dos tantos del argentino Diego Milito. Por su parte, el entrenador del Real Madrid se lamentó posteriormente y criticó a la dirigencia: "Yo no quería que se fueran Robben ni Sneijder". Lo cierto es que los holandeses figuraron en Europa y en el mundo, llegando incluso a disputar la final de la Copa del Mundo 2010.

## LOS FANTASMAS DE ZLATAN

Las acrobacias, goles y ocurrencias del sueco Zlatan Ibrahimovic le convirtieron en uno de los mejores, y más carismáticos futbolistas del mundo. Su talento desmedido no pasó jamás desapercibido, y desde que disputó la Champions League de 2002 con Ajax de Ámsterdam, inició un peregrinar por equipos de élite que le llevó a ser el futbolista en haber disputado el torneo con más equipos diferentes (Ajax, Juventus, Internazionale, FC Barcelona, AC Milan, PSG y Manchester United). Sin embargo, el título de rey de Europa, un trofeo digno para un futbolista de su categoría, siempre le fue esquivo.

La mayor tragedia de Zlatan fue cuando en el año 2009 viajó del Internazionale a FC Barcelona con el fin de levantar el trofeo. "Ibra nos dijo "me voy a ganar la Champions". Cuando ya vi que era inevitable, exigí incluir a Eto`o en la negociación", dijo Mourinho sobre el hecho. Lo cierto es que con Eto`o teniendo un gran año, Internazionale y Barcelona disputaron una dura semifinal. Los italianos pasarían de ronda y levantarían el trofeo, mientras que los catalanes e Ibrahimovic se quedaban con las manos vacías.

Para más irritación, producto de sus diferencias con el técnico de turno, Joseph Guardiola, Zlatan solamente estuvo un verano en España y decidió regresar a Italia para enfundarse los colores del AC Milan. Nuevamente el destino le jugó una mala pasada: Barcelona, otra vez su último equipo, se consagró campeón de Europa tras imponerse a Manchester United. Con más de 40 goles en el certamen y siendo siempre una figura de los equipos más grandes de Europa, Zlatan ha dejado su huella en el viejo continente, pero la Champions ha sido una presa difícil de obtener.

## SILBATO DE ARQUERO

El cancerbero del FC Barcelona José Manuel Pinto, normalmente suplente de la entidad blaugrana, se las ingenió para evitar la caída de su valla en un partido de fase de grupos contra FC Copenhague de 2010. El gaditano salió en el once titular en un duelo ante el buen equipo de Dinamarca y en una jugada en la defensa catalana se despistó, Santin, futbolista del club danés, se encarriló hacia la portería catalana con posibilidades certeras para anotar.

Un gol hubiese significado el empate al minuto 26 de partido, pero lo cierto es que Pinto simuló al árbitro y silbó

con fuerza para engañar al atacante, quien sorpresivamente abandonó la jugada. Tras el incidente, Pinto miró a sus compañeros en el banquillo y dejó entrever con señas que él había sido quien había pitado. Tras el suceso, UEFA suspendió por dos partidos al cancerbero, pero no todo fue malo ya que los catalanes consiguieron un valioso 2-0.

## JUGADOR DE PLAYSTATION

Arsenal creía en sus posibilidades de trascender en la Liga de Campeones pese a encarar al Barcelona en 2010, cuatro años después de la final de París. La llave dictaminaba los regresos de Thierry Henry a Londres y de Césc Fábregas a la Ciudad Condal, donde se había formado en categorías inferiores.

El 2-2 de la ida de Londres les dejaba en desventaja, pero la manera en que se había conseguido el resultado, remontando un 2-0 adverso, les daba optimismo. Fue así como un tanto de Miklas Bendtner les dio ventaja en la revancha cuando no se habían cumplido 20 minutos. Sin embargo, Lionel Messi desenfundó toda su furia. El argentino sacó todo su repertorio y anotó cuatro tantos en una de sus noches europeas más recordadas.

Todos aplaudían al rosarino, incluido el técnico del cuadro visitante. Cuando finalizó el compromiso, Arsene Wenger compareció ante los medios de comunicación y definió a su verdugo como un "jugador de PlayStation". El francés fue enfático en la rueda de prensa. "Aún tiene para seis o siete años más a gran nivel y puede marcar una época. Cosas imposibles las hace posibles", añadió sin tapujos.

## GOLES "MUY FÁCILES"

Ajax y Lyon peleaban el segundo puesto de un grupo dominado por el Real Madrid, y los holandeses, que llevaban tiempo sin jugar instancias decisivas, se encontraban con un buen panorama para clasificarse a la siguiente ronda de la edición de 2011-12: solo una derrotada abultada en casa ante Real Madrid y un triunfo holgado de los franceses contra Dinamo Zagreb le dejarían fuera.

Pero la pesadilla se hizo realidad, Ajax cayó 3-0 ante los españoles, mientras que Lyon le asestó un 7-1 portentoso a los croatas, que pese a tener a un jugador menos desde el minuto 28, no habían logrado ofrecer mucha resistencia como sí habían hecho en otros duelos. Lo cierto es que tras terminar el primer tiempo 1-1, los franceses hicieron seis goles en apenas 28 minutos, y a los holandeses le fueron anulados dos tantos. Aunado a esto, un guiño desató la denuncia del *Diario AS*, de España. "Tras el quinto gol del Lyon, se produjo un extraño gesto de complicidad entre Vida, defensa del Dinamo, y Gomis, delantero del Lyon. El francés se acercó por el balón y el jugador del Zagreb se lo dio guiñándole el ojo y levantando el pulgar", aclaró el rotativo.

Frank de Boer, estratega del club holandés, mostró su inconformidad en la rueda de prensa posterior al partido. "Los goles del Lyon fueron muy, muy fáciles... Con diez jugadores también se puede jugar bien. Hubo dos goles claros que fueron anulados. Es un escenario que no imaginábamos ni en los peores sueños", señaló.

## AMIGOS Y ENEMIGOS

Cuando el 14 de mayo de 1997, Barcelona levantó la Copa UEFA tras superar 1-0 al Paris Saint Germain, Josep Guardiola, una de las figuras del club catalán, celebró efusivamente con el intérprete del equipo, un tal José Mourinho, que tenía 34 años y que trabajaba de la mano de Bobby Robson, estratega del equipo azulgrana. La relación de los dos era muy cercana, pero el destino hizo que las cosas cambiaran con el paso del tiempo.

Décadas más tarde, Mourinho se sentó en el banquillo del Real Madrid, mientras que Guardiola hizo lo propio en

el del FC Barcelona, ambos dominadores del rentado español. Fue así como los dos equipos quedaron encuadrados en la lucha de los tres títulos en solo 18 días: peleando mano a mano en la Liga, disputando la final de la Copa del Rey (fue triunfo merengue) y encontrándose en la semifinal del torneo europeo. Antes del cotejo continental, Mourinho salió refiriéndose a su antiguo amigo con diversas acusaciones en la conferencia de prensa, a lo que Guardiola replicó.

"Fuera del campo, él ya ha ganado y le regalo su Champions particular. En esta sala, él es el puto amo, el que más sabe del mundo y no quiero competir", sentenció ante los medios de comunicación. Y vaya que funcionó. Barcelona se impuso por 2-0 en el cotejo de ida con una jornada memorable de Messi y encarriló una eliminatoria que le llevó a ganar el torneo en 2011. Mourinho no bajó los brazos tras el cotejo. "Hoy ha quedado demostrado que ante el Barcelona no tienes ninguna posibilidad. Porque la UEFA no deja a ninguno de los otros equipos jugar contra ellos. No entiendo por qué. No sé si es la publicidad a Unicef, no sé si es porque son muy simpáticos", cargó tras el partido un Mourinho disgustado por las polémicas arbitrales.

## "PANENKA" A LAS MANOS

En el vértigo de la competición, la tanda de penales invitó a una definición única entre Udinese y Sporting Braga para clasificar a la fase de grupos de la Champions, en una jornada disputada en agosto de 2012. El 1-1 del partido de ida dejó todo servido para un duelo de vuelta movido. Sin embargo, pasarían muchas cosas.

En el duelo de vuelta, el Estadio Friuli fue testigo de cómo el colombiano Pablo Armero adelantó a los transalpinos ante su afición y de cómo Ruben Micael empató para los lusos cuando quedaba poco menos de 20 minutos para que finalizara el partido. Luego que no se hiciesen daño en la prórroga, los penales no defraudaron con distintos tantos y con una resolución particular: el brasileño Maicosuel lo disparó a lo "Panenka" – rematando con sutileza al medio del arco – pero el cancerbero Beto no se movió de su sitio y atajó sin problemas el remate. La jugada fue decisiva y es que luego que Ruben Micael, quien había anotado en el partido, marcase desde el punto penal, Sporting Braga clasificó y Udinese quedó eliminado.

## LA SORPRESA DEL MEDITERRÁNEO

El Apoel Nicosia de Chipre llegó a la competición con el cartel de cenicienta del torneo, pero se quitó el traje sin disimulo. La oncena arribó a la edición de 2012 con un presupuesto de poco más de ocho millones de euros, el más bajo de todo el torneo, pero solo se gastó 640.000 euros y llenó el vestuario de portugueses, suramericanos y brasileños. Pese a tener mayoría latina en el camerino, el estratega Jovanovic hablaba en griego para que su asistente técnico tradujera al inglés.

El idioma no fue un punto flaco para el desempeño del equipo: el club chipriota superó el grupo completado por Zenit, Oporto y Shakhtar, y se coló en los octavos de final contra Lyon, al que superaron en la tanda de penales. Apoel hacía historia al alcanzar los cuartos de final certificando una de las sorpresas más recordadas en la historia de la competición.

El sueño llegó a su final tras ser vapuleados por el Real Madrid con un marcador global de 8-2, aunque la huella fue imborrable. Sin embargo, hubo otro episodio para recordar y es que uno de los artilleros del Apoel fue Esteban Solari, quien anotó desde el punto penal en los minutos finales. El atacante es hermano de Santiago, leyenda de la entidad española y que se desempeñaba como entrenador en las categorías inferiores del club merengue. Todo

quedaba en familia: uno hacía un gol, mientras que el otro celebraba la clasificación de su exequipo desde la tribuna.

## REZOS SOBRE TORRES

Cuando el 19 de octubre de 2011 Chelsea se encontraba al Genk de Bélgica, Fernando Torres atravesaba una de las peores rachas de su carrera futbolística. Era el jugador más caro en la historia de los *Blues* y de la Premier League, pero acumulaba nueve meses de sequía, en los que solamente había anotado tres goles.

Sin embargo, antes del cotejo, el defensor brasileño David Luiz se acercó al atacante español, le puso la mano izquierda en el hombro y la derecha sobre la cabeza y empezó a orar fervientemente con los ojos cerrados, esperando que de esta manera el delantero español se incendiara frente a las redes del rival.

Dios se hizo presente. Torres tuvo una jornada privilegiada y volvió a encontrarse con la puerta rival, marcando dos goles en el triunfo por 5-0. No fue el único aporte del futbolista surgido de la cantera del Atlético de Madrid, ya que en semifinales le anotó un tanto prodigioso al Barcelona en el último minuto para sellar la clasificación al cotejo definitivo. Chelsea le ganó al Bayern Múnich por penales y Torres levantó el trofeo continental. Los rezos habían funcionado.

## SUPERACIÓN

Cuando a Eric Abidal, jugador del FC Barcelona entre 2007 y 2013, le diagnosticaron cáncer de hígado en 2011, las perspectivas no eran positivas. Hubo miedo que ocurriera lo peor, e incluso se especuló que el jugador no podría vestirse de corto nuevamente. "Pareces muerto en vida", le dijo Lionel Messi cuando le vio en un video.

Una vez conocida la enfermedad, el jugador estuvo un mes y medio sin poder tocar un balón, pero consiguió recuperarse en tiempo récord tras un proceso de recuperación que llevó a cabo en Nueva York. "Es un dolor que tendré grabado de por vida. Era insoportable y cuando digo insoportable es que era como un volcán. Era como un cuchillo abierto. Cuando vino a verme el doctor a decirme que lo sentía y que debía operar de nuevo, yo me alegré. Era un sufrimiento que no le deseo a nadie", contó de su penosa experiencia.

Sin embargo, el jugador volvió al plantel y tuvo un regreso tan sorprendente como espectacular. Jugó unos minutos en la semifinal contra Real Madrid de 2011 y estuvo en la final de la Champions League contra Manchester United (3-1). Lo mejor de todo fue, cuando llegó el momento justo, Carles Puyol, capitán de la institución, le cedió el derecho a levantar la Copa primero que nadie, lo que conmovió al mundo.

## TRENDING TOPIC

Con el auge de las redes sociales en el segundo milenio, el fútbol no escapó a los diversos comentarios ingeniosos que salen de la red social Twitter. Luego de que Sergio Ramos enviara sobre el arco un tiro penal contra el Bayern de Múnich en la temporada 2011-12, que supuso la eliminación merengue, el sevillano se convirtió en el primer tema de conversación en la plataforma.

"Maldita la hora en que le explicamos a Sergio Ramos que los goles fuera valen doble", "Turistas alemanes encuentran en lo alto de la Giralda el pelotazo de Sergio Ramos" o "Qué asco me da la gente que se burla de Sergio Ramos por fallar el penalti. Ojalá cuando el balón vuelva a la tierra les caiga en la cabeza", fueron algunos de los mensajes burlescos que convirtieron en trending topic al sevillano.

"Hay momentos que duelen mucho como el de ayer, pero hay sentimientos mucho mayores como el orgullo

de dejarse el alma por una camiseta como ésta y tener un equipo, cuerpo técnico y una afición como la que ayer sentí en el Bernabéu. ¡Juntos vamos a por la Liga! Hala Madrid", comentó Ramos tras el suceso en la red social.

## NÚMEROS RIDÍCULOS

La semifinal de la Champions League de 2012 dejó a Chelsea y FC Barcelona frente a frente, arrojando un claro favoritismo para los catalanes. Antes del compromiso, Roberto Di Matteo, entrenador de los Blues, detalló la lista de goleadores rivales como solía hacer, pero cuando apareció Messi todo el vestuario quedó absorto.

"Robbie Di Matteo hizo lo de siempre y puso una lista de los máximos goleadores del equipo contrario. Normalmente, la lista se leería Rooney-22 goles; Van Persie-15, y así sucesivamente. Cuando subió la lista del Barcelona, en el tercer lugar estaba Xavi con 14; en el segundo puesto, Alexis Sánchez y Cesc Fàbregas con 15, pero todos nos reímos cuando el máximo goleador apareció en la pantalla: Lionel Messi... con 63 goles, 14 solo en la Champions League. ¿63 en esta temporada? Fue tan ridículo que nos miramos incrédulos unos a otros y nos reímos, ¿qué más podíamos hacer? Incluso tomé una fotografía del número porque era muy indignante", recordó posteriormente el delantero marfileño Didier Drogba en su biografía.

Pese a todo, la fortuna estuvo del lado londinense. Messi falló un penal en el cotejo y tras un gol en el último minuto de Fernando Torres, el partido quedó 2-2 para darles la clasificación a los ingleses. De manera increíble, el sureño no había tenido una de sus recurrentes noches espléndidas, incapaz de convertir el tiro penal. "Podrías llorar durante un partido si pierdes una final, es parte del fútbol. En el vestuario del Barça, después del partido contra el Chelsea, vi llorar a Lio. Eso sucede porque los jugadores nos exigimos mucho y eso la gente no lo ve", contó el chileno Alexis Sánchez, futbolista de ese Barcelona, años más tarde. Lo cierto es que Chelsea se consagró rey de Europa en Múnich, con Drogba como figura, y el argentino necesitó un puñado más de partidos para alcanzar los 73 tantos, una cifra nada despreciable.

## DIOS EXISTE

En la final de la Champions de 2012, Didier Drogba, delantero marfileño de Chelsea, veía como su equipo perdía contra Bayern Múnich y el tiempo se agotaba. Los ataques alemanes hacían de la suya y el conjunto inglés no encontraba la vuelta para zafarse del dominio muniqués. En su letargo, el goleador desafió al Altísimo. "Tuve algunas conversaciones con Dios en la cancha y esa noche lo reté, y le dije: Si realmente existes, demuéstralo'", recordó tiempo más tarde.

Efectivamente, en la última jugada del compromiso llegó un tiro de esquina, y el Señor mostró su existencia. "En el último córner, le estaba diciendo a Dios: ahora quiero ver si realmente existes'. Cuando marqué y corrí hacia el banderín de córner, y estaba viendo hacia el cielo, estaba perdido. Estaba diciendo: él realmente existe". Con el empate a uno, no terminó la hazaña. En la tanda de penales, Didier Drogba marcó el tanto definitivo y Chelsea levantó su primera Champions League. Sin duda, el Señor obró un milagro.

## LA HUMILDAD DEL MEJOR

Cuando el calendario 2012-13 arrojó que Spartak Moscú enfrenaría al FC Barcelona en la fase de grupos, Juan José Insaurralde, jugador argentino de la entidad rusa, pensó que era un completo desconocido para Lionel Messi, para muchos el mejor futbolista del mundo. Lo extraordinario es que poco antes de que comenzara el partido, la figura del club catalán se le acercó con rotunda humildad. "En el túnel del Camp Nou, antes del comienzo del partido, me

agarra Messi y me dice: '¿Qué hacés, Chaco, cómo estás?' Yo estaba duro, porque pensé que no me conocía. Conversamos un poco y me preguntó cómo me trataban los rusos".

El partido terminó 3-2 a favor de los catalanes en un duelo en el que Lionel Messi anotó un doblete. Luego, tras el compromiso, el gesto de la leyenda argentina continuó. "Intercambiamos camisetas e incluso me acompañó al vestuario y me esperó para que yo le pasara la mía, porque antes se le había dado a (Javier) Mascherano. Me va a quedar para toda la vida eso, la humildad de Lionel", recordó Insaurralde.

## SIN COSTA DE SOL

Los cuartos de final de la Champions League de 2013, dejaron una llave de mucho vértigo entre Málaga y Borussia Dortmund. Para los españoles, encontrarse en esta etapa era algo inédito en su historia, histórico, y con toda la disposición del caso, asumieron la eliminatoria con la convicción de clasificar por primera vez a semifinales.

Pocas antes del compromiso, Marcelo Pellegrini, estratega de la entidad, recibió el duro mazazo de la muerte de su padre, pero aun así, asumió sentarse en el banquillo y dirigir un duelo relevante en su trayectoria. Con el 0-0 en la ida disputada en España, las posibilidades de trascender estaban latentes, pero en el Signal Iduna Signal Park, el Dortmund de Jürgen Klopp intentaría llevar los hilos del compromiso.

Lo cierto es que Joaquín abrió el camino para los malaguistas y Lewandowski empató antes que finalizara el primer tiempo. Ya en los últimos minutos del partido, se destapó uno de los finales más dramáticos en la historia del torneo. Al minuto 82, Eliseu marcó para los españoles y dejó a Dortmund urgido de anotar dos goles antes que finalizara el compromiso para obrar el milagro. En el 90,

Marco Reus empató y en el descuento, Felipe Santana fue el héroe inesperado para los alemanes al marcar un polémico gol que los blanquiazules acusaron de ser en fuera de juego. 3-2, triunfo hispano y dolor en el conjunto de la Costa del Sol.

Tras el compromiso, Pellegrini, aseguró sentirse robado por sus contendores, arguyendo el offside de la última jugada del partido. Por su parte, Al Thani, jeque qatarí a cargo de la entidad, también mostró su molestia por el resultado final. El tema es que el dirigente sostuvo su molestia por años, al punto que siete años más tarde, enfatizó que el tanto de Santana debía ser investigado por las autoridades competentes: "Esto es un juego de bandas y pedimos abrir una investigación internacional limpia y transparente. Pedimos justicia y respeto para el Málaga. Fue un día negro para el fútbol en el mundo", indicó.

Años más tarde, Felipe Santana, recordado por ese tanto, se retiró y decidió adquirir un equipo en la ciudad de Granada, cercana a Málaga. El futbolista se dejó crecer el pelo y admitió pasear mucho por la ciudad a la que le quitó el manjar del éxito en el minuto final. "Cuando tengo oportunidad de ir a España, para mirar un poco cómo van las cosas en el equipo que tengo por allí en Granada, pues tengo ocasión de ir un poco a la playa y disfrutar de las cosas bonitas que hay por allí... Y algunas personas se quedan mirando y aunque no me reconocen a la primera porque ahora tengo pelo y cuando jugué aquel partido iba rapado, pero a veces acaba reconociéndome y me echan la culpa de quitarle la felicidad en ese momento", sentencia.

El poderoso Málaga de Willy Cavallero, Demichelis, Toulalan, Isco, Joaquín, Júlio Baptista y Saviola no pudo con el Dortmund de Gotze, Reus, Gundogan, Lewandowski y compañía por cuestión de instantes, pero pese a la gran cantidad de figuras del conjunto alemán, en la Costa del Sol se acuerdan como la alegría se las arrebató uno de los futbolistas menos conocidos de la entidad, el joven rapado

que anotó en posición dudosa y que años más tarde decidió invertir cerca del lugar y pasearse por sus playas, esos sí, con pelo.

## EN KAZAJISTÁN TAMBIÉN SE JUEGA FÚTBOL

Para el año 2015, la élite del fútbol europeo dio la bienvenida al sorprendente Astana, campeón del balompié kazajo y sorprendente clasificado a la competición. La entidad quedaría englobada en el grupo C con Galatasaray, Benfica y Atlético Madrid, un grupo muy difícil para la catalogada cenicienta del certamen.

La clasificación del equipo no dejó de llamar la atención. Lukas Podolski, delantero del Galatasaray, apenas vio el sorteo, colocó una foto en sus redes sociales de Borat, un personaje ficticio creado por el comediante Sacha Baron Cohen que representa a un controvertido kazajo. "Apenas puedo esperar...", señaló el atacante alemán antes de pedir disculpas por las ofensas generadas.

Entre otras particularidades de la entidad, destacó el largo viaje para enfrentarse al Benfica. El club recorrió 6100 kilómetros para encarar a los lusos, siendo así la mayor distancia recorrida por un equipo en la historia de la Champions. De igual forma, Astana se hizo respetar en la competición. Si bien quedó último de su grupo, tuvo buenos partidos y obtuvo hasta la nada despreciable cifra de cuatro puntos producto de cuatro empates.

## LA REDENCIÓN DE ARJEN ROBBEN

El holandés Arjen Robben fue uno de los pocos jugadores del mundo que pudo darse el lujo de competir con Lionel Messi y Cristiano Ronaldo en su mejor época, disputando partidos importantes en las competencias europeas y mostrando su velocidad implacable para sentenciar cotejos con su selección nacional y con sus clubes.

Sin embargo, el artillero llegó a labrarse la mala fama de no saber conectar en el momento cumbre, y es que en la final de la Copa del Mundo de 2010, falló un mano a mano contra Iker Casillas que pudo darle el título a la selección holandesa en el certamen. No fue su único traspié. Con la camiseta del Bayern Múnich, el tulipán perdió dos finales casi consecutivas de Liga de Campeones: la primera, en 2010, contra Internazionale de Milán (2-0) y la segunda contra Chelsea (por penales), en 2012. Como si no fuese suficiente, ante los londinenses, fue villano al fallar un penal en la prórroga que pudo haber sentenciado el cotejo a favor de los bávaros. Tras el compromiso, las imágenes del jugador llorando dieron la vuelta al mundo. Como si fuese un trauma, llegó a declarar que "de alguna manera, eso se queda toda la vida en tu cabeza".

El 25 de mayo de 2013, el jugador llegaba a otra final del torneo continental con la presión de ser figura, un valor extra. El rival sería el Borussia Dortmund, acérrimo contrincante del Bayern, lo que añadía más presión sobre el tulipán. Pero en Wembley se resarció. Con el marcador 1-1, y cuando faltaban segundos, incursionó en el área, se quitó a rivales y logró dar un toque tan sutil como mortal al balón para anotar el tanto del triunfo, venciendo a Weidenfeller. El grito de gol era de desahogo. Robben mostraba que podía hacer tantos de gran valía en los momentos más cumbres, añadiendo un trofeo que le había sido esquivo.

## CONSECUENCIAS DE UN MAL CAMBIO

Legia Varsovia acariciaba de cerca la clasificación a la Liga de Campeones luego de que se impusiera por 4-1 al poderoso Celtic de Glasgow en el partido de ida, resultado que ni los especialistas más optimistas esperaban. De esta manera, los polacos veían de cerca la clasificación a la fase de grupos de la temporada 2014-15.

En la vuelta no hubo sorpresas en el gramado, y todo parecía que terminaría bien para el conjunto polaco. El

marcador reflejaba 1-1 y la clasificación parecía estar sellada, hasta que faltando dos minutos, ingresó Bartosz Bereszynski. El jugador acarreaba una suspensión, pero un cruce de informaciones hizo que no se supiera en el seno de la plantilla e infringieron la norma.

"El Legia fue sancionado por alinear a un jugador que no podía ser elegido", aseguró UEFA, dándole un triunfo 3-0 como visitante al Celtic. La circunstancia dejaba un 4-4 en el marcador global y la clasificación escocesa por la cantidad de goles "anotados" fuera de casa. "Los minutos que jugó Bartosz no cambiaron nada. En este caso, una multa económica habría sido más apropiada", señaló inconforme Marek Saganowski, una de las figuras del Legia.

Celtic se clasificó por la puerta de atrás, pero la fortuna no le continuó acompañando. Los escoceses fueron eliminados por el Maribor y terminaron su andadura europea. Por su parte, Legia no pudo disfrutar de sus triunfos deportivos. Un mal cambio se tradujo en una eliminación cruenta.

## DEFENDIÓ SU PUERTA A ULTRANZA

Ludogorets veía difícil su clasificación a la fase de grupos de la Champions League 2014-15. El conjunto búlgaro se enfrentaba al Steaua Bucarest en el estadio Nacional Vasil Levski de Sofía y el empate sin goles le eliminaba. Pero ocurrió la hazaña. En el minuto 90, Wenderson marcó un gol y forzó la prórroga. Los búlgaros estaban vivos.

En el alargue, las cosas no mejoraron precisamente. No hubo goles, pero en el minuto 119, el portero Vladislav Stoyanov fue expulsado y dejó a su equipo con 10 jugadores. Llegaba la tanda de penales y el defensor Cosmin Moti se puso los guantes para tratar de obrar un milagro.

No se desempeñaba como portero, pero Moti supo reponerse a la adversidad. El rumano fue, paradójicamente, el verdugo del Steaua. Despejó uno de los disparos de sus compatriotas y retuvo otro para darle la clasificación a los suyos. El zaguero había sido la figura inesperada del Ludogorets Razgrad.

## COLECCIONISTA DE CAMISETAS

La trayectoria de Tomás de Vincenti no tuvo el recorrido habitual. El jugador pasó de Excursionistas, en esas fechas de la cuarta categoría del fútbol argentino, a la Primera División del fútbol griego, y de ahí al Apoel Nicosia de Chipre para disputar la Liga de Campeones en el año 2014.

En dicha temporada, Apoel encaró al Barcelona y al PSG en la fase de grupos, en cotejos en los que no tuvo reparos para solicitar camisetas a jugadores emblemáticos. En el duelo contra Barcelona, le pidió la casaca a Lionel Messi, pero el devenir del compromiso no permitió que la estrella del FC Barcelona jugara los 90 minutos, motivo por el que Tomás de Vincenti resolvió con otro jugador. Tras el compromiso, en el vestuario le indicaron que Messi le esperaba fuera del camerino. "Che, está Messi en la puerta preguntando por el chico que tenía la camiseta número 30", le dijeron, pero no lo creyó. Se quedó con las dudas: "Pero la verdad es que todavía no sé si lo hice esperar o no a Messi. Esa es una duda que voy a tener el resto de mi vida", contó a *Goal*.

Días después, previo al partido contra PSG, el jugador le instó al también futbolista Christian Chávez, un amigo en común, que le dijera a Ezequiel Lavezzi que le entregara su camiseta al finalizar el compromiso. Sin embargo, en lo que terminó el duelo, intercambió con Javier Pastore, otro argentino del club parisino. "Después nos quedamos en el campo saludando a nuestra gente y cuando salgo de la cancha, en el túnel, estaba Lavezzi en cuero con la camiseta de la mano. ¡Yo salí con la de Pastore y me dio una vergüenza impresionante! Después se la alcancé al vestuario, pero me

quería morir. La verdad es que la humildad de los argentinos es impresionante", recordó.

## AUTOGESTIÓN EN EL FUEGO

Bayern Múnich había salido vivo del Santiago Bernabéu, donde había caído 1-0 en el primer duelo de la semifinal, y tenía la esperanza de revertirlo en la vuelta para clasificarse a la final de la Copa de 2014. La confianza era tal que el mítico Karl-Heinz Rummenigge, en ese entonces directivo del club alemán, había asegurado que en la revancha, Múnich iba a ser un "infierno" y que "hasta los árboles van a arder". En respuesta, Carlo Ancelotti, timonel del Real Madrid, quiso aligerar el ambiente y recordó que "los árboles iban a arder y está lloviendo". Lo cierto es que no hubo fuego, pero sí un clima espectacular con una afición que buscaba la remontada heroica en un escenario hostil y con un estruendo ensordecedor.

Josep Guardiola, entrenador del club bávaro, quiso hacer una innovación buscando la comodidad de los jugadores. Días antes llamó a Manuel Neuer, Philipp Lahm, Arjen Robben, Franck Ribery, Toni Kroos y Bastian Schweinsteiger -según Christian Falk, redactor jefe de *Sport Bild*-, y buscó la autogestión. El estratega les pidió que le dieran sus consideraciones de cómo afrontar el partido para así responder en la cancha. "Guardiola nos llamó a seis de nosotros antes del partido y nos preguntó cómo queríamos jugar. En ese momento, Pep era de la opinión de que el jugador tenía que sentirse cómodo, así que decidimos jugar de la forma que el equipo quería", contó Lahm años más tarde en una entrevista concedida a la televisión alemana.

Pero el Allianz se heló rápidamente mientras aparecían los goles madridistas. El cotejo terminó 4-0 a favor del club merengue y Real Madrid accedió a la finalísima en detrimento de un Bayern irreconocible. "Después del partido se interpretó como que su sistema no había funcionado. En realidad no era su sistema. Todo el mundo puede ver que ese no es el estilo de juego de Pep. Probablemente nunca más volverá a hacer eso", cerró Lahm en una entrevista.

## PLACENTA DE CABALLO

Diego Costa era una de las figuras del Atlético de Madrid que se destacaba en Europa bajo la batuta de Diego Pablo Cholo Simeone. El delantero hispano brasileño había sido fundamental en la mejor campaña en la historia del club colchonero, al que había ayudado a llegar a la final de la Champions League y a salir airoso de la Liga en 2014, en la mejor campaña de la institución.

Pero los problemas musculares le resintieron. El jugador no pudo terminar un compromiso liguero contra el FC Barcelona por dolores físicos y el diagnóstico médico señaló que el jugador había sufrido una lesión en el bíceps femoral de la cara posterior del muslo derecho. La situación prácticamente le sacaba de la final del torneo continental que debía jugar una semana después en Lisboa contra Real Madrid. Pero lleno de ambición, en la semana buscó una recuperación milagrosa. Se marchó a Belgrado (Yugoslavia) para tratarse con la doctora Marijana Kovacevic, quien había aplicado un tratamiento a base de placenta de caballo a Robin Van Persie y Frank Lampard de manera exitosa. Costa fue por la gesta y todo pareció encarrilarse de la mejor manera. El jueves, dos días antes del duelo definitivo, practicó con normalidad junto a sus compañeros. Había júbilo, pero cuando llegó el partido, el destino le fue cruel. El atacante estuvo ocho minutos en el terreno de juego y fue reemplazado por Adrián. La placenta no había terminado su labor y el Atlético de Madrid terminaría cediendo en el partido definitivo de la competencia.

## HOMBRES DE PALABRA

El atacante argentino Carlos Tévez mostró siempre su valía en la Champions League, trofeo que ganó en su es-

tancia con Manchester United. Pero cuando el futbolista arribó a Turín para enfundarse la camiseta de la Juventus, marcó una etapa inolvidable y tuvo un desempeño espectacular que le llevó a ser una de las principales figuras de la temporada 2014-15, sin embargo, su corazón estaba en Argentina y volver a Boca Juniors era una meta que tenía entre ceja y ceja, por lo que le pidió al mandamás de la entidad que le permitiese volver a sus raíces en Buenos Aires. "Boca es mi vida. En mi mejor momento, antes de jugar la final de la Champions con Juventus ante Barcelona, estaba pensando en la vuelta a Boca ( ) Quería volver a Boca y eso que en esa Champions la rompí toda. Le pedí a Agnelli que me deje volver y me entendió. ´Llevame a la final, sacame campeón y te dejo irte por la puerta grande', me respondió", recordó posteriormente al periodista Alejandro Fantino.

Con un Tévez pletórico, Juventus superó la fase de grupos y se impuso a Borussia Dortmund, Mónaco y Real Madrid antes de asentarse en la final de Berlín contra el FC Barcelona, equipo que terminó imponiéndose 3-1 con Luis Suárez, Lionel Messi y Neymar como tridente de ataque. Tévez no pudo cumplir con el título en última instancia, pero su esfuerzo y el buen desempeño se vio valorado. No mucho más tarde estaría de vuelta a la capital argentina.

## SABER DE PENALES

La carga emotiva que supone una tanda de penales en una final de Champions League no amilanó al Real Madrid en 2016. El club merengue encontraba al Atlético en un derbi con aires de gloria continental que no se resolvía tras 120 minutos.

Cuando llegó el momento para definir el orden de lanzamientos, Sergio Ramos (Real Madrid) y Gabi (Atlético de Madrid) fueron los encargados de dirimir el sorteo. Los blancos le habían suplicado a su capitán que hiciese lo posible para comenzar disparando. Sin embargo, fue el colchonero quien salió airoso de la decisión. Pero el destino quería que Real Madrid levantara la duodécima: Gabi eligió el campo y el club de Chamartín consiguió el objetivo de empezar tirando.

Fue así como Lucas Vásquez marchó primero a la tanda y convirtió su disparo para luego besar su escudo y dar un mensaje de fortaleza. El resto de los futbolistas del equipo marcaron en sus lanzamientos, mientras que por el Atlético, solo Juanfran falló, precisamente el único jugador que repitió la dirección de su disparo con respecto a la tanda que unos meses antes le habían dado la clasificación al club colchonero contra el PSV Eindhoven holandés. El resto de los jugadores rojiblancos cambiaron el norte de sus lanzamientos y anotaron, pero no fue suficiente, ya que Cristiano Ronaldo marcó el definitivo para darle una nueva Champions al Real Madrid.

## LAS MOLESTIAS DE PEPE

El árbitro Mark Clattenburg fue el encargado de llevar los hilos en la final de Lisboa entre Real Madrid y Atlético Madrid de 2016. Años más tarde, el juez principal admitió que el cuerpo técnico falló en el gol de Sergio Ramos y que el central Pepe fue un hueso duro de roer a lo largo del compromiso.

El árbitro aseguró que luego que el luso reclamase un posible penal de Fernando Torres sobre el central, le sacó en cara el polémico tanto. "Vuestro primer gol no debería haber subido al marcador. Y se calló". Para el juez de línea, durante todo el partido, el zaguero portugués trató de hacer que se expulsara a un futbolista del conjunto rojiblanco. "Pepe estaba rodando por el suelo, actuando. Lo intentó dos veces para ver si expulsaba a algún jugador del Atlético. Otro árbitro hubiera picado pero yo había hecho los deberes. Aunque intentaba no dejarme llevar por los prejuicios, conocía bien su forma de pensar y me hizo falta para intentar llevarle. Es un jugador del que no puedes

fiarte. Un partido podía estar siendo fácil y, de repente, él hacía algo", espetó públicamente.

Las declaraciones de Clattenburg trajeron mucha tela que cortar, debido al haber reconocido el fallo arbitral en el tanto de Ramos. A la postre, el duelo terminó 1-1 y el equipo "merengue" se llevó el triunfo por la tanda de penales.

## EL BARCELONA SACUDIÓ A LA TIERRA

Los octavos de final de la Liga de Campeones 2016-17 plantó como llave más interesante al Paris Saint Germain contra el Barcelona de España en dos partidos que prometían hacer vibrar a la Tierra. El cotejo de ida fue más disparejo de lo pensado, ya que los galos apabullaron a su contendor con un sonado 4-0, que soltó las alarmas en el seno del conjunto catalán y dio un aire de optimismo a un club francés que parecía quitarse el mote de "eterno candidato" al encarrilar la eliminatoria.

Era tan favorable el panorama para los parisinos que Ángel Di María, una de sus figuras, llegó a sentenciar tras el compromiso que "si el Barcelona nos remonta el 4-0, juro que me corto mis huevos". El duelo de vuelta en el Camp Nou no se destacaba precisamente por el aire de optimismo que respiraba la afición, pero los jugadores tenían otros planes. Goles de Luis Suárez y de Kurzawa en propia meta en la primera mitad envalentonaron a los azulgranas de cara a la segunda mitad. Messi puso el 3-0, pero Edison Cavani descontó después de la hora y todo pareció definirse.

Pero Neymar tenía otros planes. El brasileño anotó en los minutos 88 y 90, permitiendo que la soñada remontada flotara en el ambiente como una posibilidad real. Fue así como en la última jugada del compromiso, Sergi Roberto, un canterano, puso el 6-1 definitivo que rubricó una de las jornadas más recordadas en la historia de la competencia, y sobre todo para el barcelonismo.

Fue tal la algarabía que un sismómetro del Instituto de Ciencias de la Tierra Jaume Almera (ICTJA-CSIC), en las cercanías del Camp Nou, aseguró captar "una minúscula señal sísmica" durante los festejos del sexto tanto. "A medida que se acerca el final del encuentro, todo cambia. Con el sexto tanto llega la mayor vibración registrada en este tipo de acontecimientos por el sismómetro del ICTJA-CSIC", explicó Jordi Díaz, directivo de la entidad.

Por su parte muchos aficionados, algunos de ellos molestos con su equipo y otros festejando y bromeando, no se amilanaron a la hora de reclamarle a Di María que cumpliera con su deuda.

## ATENTADO CONTRA BARTRA

En abril de 2017, la fiesta no fue completa. Borussia Dortmund se trasladaba a su templo, el Signal–Iduna Park, para recibir al AS Mónaco en el partido de ida de los cuartos de final de la competencia, pero jamás llegó. Tres explosiones, que tenían como destino impactar en el vehículo, salieron al paso y provocaron un accidente en el que el español Marc Bartra salió herido.

"Los oídos me pitaban, había mucho olor a pólvora, me vino viento muy caliente a la cara, el móvil salió disparado porque recibí un trozo de metralla en la mano", relató el zaguero a "El Hormiguero", de la televisión española, tiempo después.

Una vez se supo la noticia en el Estadio, los hinchas del club galo corearon "Dortmund, Dortmund", en solidaridad con los afectados en un gesto bien valorado por los locales. Sin embargo, pese a todo, el duelo se disputó al día siguiente, arrojando un éxito francés por 3-2. Mónaco su-

peró a un equipo alemán incompleto y desconcertado por el accidente y se clasificó a la semifinal.

## LA BESTIA NEGRA

El derbi madrileño tuvo a un ganador nato en el segundo milenio. Atlético de Madrid se ganó la admiración del mundo entero con su gran participación en el balompié continental, la cual le llevó a disputar hasta en cuatro temporadas consecutivas al Real Madrid en etapas definitorias, una auténtica bestia negra.

En 2014 se encontraron en la afamada final de Lisboa. Diego Godín abrió el marcador con un cabezazo, y cuando se jugaba la última jugada del partido, Sergio Ramos empató de cabeza para forzar la prórroga y terminar ganando la Champions con un más que engañoso 4-1.

La siguiente temporada juntó a los dos equipos en cuartos de final. El 0-0 en el Calderón llevó a una revancha más que esperada en el Bernabéu. El club merengue lució arrollador, pero todo indicaba que nuevamente se asomaba a una prórroga con el empate sin goles en el marcador. Pero en los embates finales, Javier Chicharito Hernández apareció como una figura para desequilibrar el marcador y llevar al Real Madrid a una semifinal europea, en la que caería contra la Juventus de Turín.

El destino los volvió a juntar en la siguiente temporada en el cotejo definitivo. Nuevamente Sergio Ramos, en esta oportunidad en el amanecer del compromiso, complicó al club colchonero. Antoine Griezmann falló un penal para obtener la equidad en la pizarra, pero Yannick Ferreira Carrasco igualó para el Atlético y el duelo se fue a una recordada tanda de penales en la que Juanfran falló y que le dio al Real Madrid su undécima Champions League. Por tercera zafra consecutiva sonreía el club merengue y lloraba el rojiblanco.

La siguiente temporada no fue la excepción. Los dos equipos se encontraron en semifinales, pero a diferencia de las ediciones previas, la igualdad no se hizo presente: Real Madrid fue una máquina indetenible y se llevó el 3-0 en el partido de ida, que prácticamente garantizó la clasificación. Pero el Atlético no estaba muerto. En el duelo de vuelta, un cabezazo de Saúl y un penal de Griezmann encaminaron un holgado triunfo que hacía soñar a remontada con un 2-0 parcial. Sin embargo, cuando el partido oscilaba los últimos minutos de la primera mitad, Benzema protagonizó una gran escapada que finalizó en un remate de Isco para poner el 2-1. Hambriento de gloria, Atlético de Madrid de Simeone forzó la épica en la segunda parte, llegando incluso a convertir en figura a Keylor Navas, cancerbero del Real Madrid. Pero no pudo ser, por cuarto año consecutivo, el merengue eliminó al Atlético de Madrid, su máximo rival citadino, en la Champions League. Toda una proeza.

## TRANSMISIÓN DE LEYENDAS

Si hubo un equipo animador por excelencia en la Champions de 2016-17, ese fue el AS Mónaco, el cual, reverdeciendo viejos laureles, fue protagonista de la competición. Los franceses sabían que, para hacer un buen torneo, debían sumar contra Bayern Leverkusen, pero la situación se complicó luego que Javier "Chicharito" Hernández anotara para los alemanes.

Los franceses buscaban el empate, pero el gol no aparecía y todos los aficionados de la entidad daban por perdido el partido, incluso Marcel Desailly, una leyenda del balompié galo que se encontraba analizando el partido desde el pie del campo. Mientras Desailly hablaba a la cámara con el partido de fondo, un ruido atronador se escuchó en el Estadio San Louis II de Mónaco: Kamil Glik empató el duelo y el gol quedó inmortalizado en la cámara del ex defensor, quien subió el video del tanto milagroso en las redes con

la denominación de "Milagro en directo". El 1-1 sirvió muchísimo a la entidad, que posteriormente terminó pasando de ronda.

El club monegasco fue una de las sensaciones de la edición. El club dirigido por Leonardo Jardim tuvo en sus filas a futbolistas como Radamel Falcao, Joao Moutinho, Fabinho, Thomas Lemar y un tal Kylian Mbappé, que empezaba a mostrar su valía en el mundo del fútbol. Fue tal la relevancia de la entidad que cuando acabó el torneo, Bernardo Silva, una de las figuras del equipo, contó que el chat de WhatsApp conformado por los jugadores se denominó "Transfer Market" (Mercado de transferencias) como presagio de lo que se vendría sabiendo de lo conseguido. Mónaco eliminó a Manchester City y Borussia Dortmund y solamente pudo ser detenido por la Juventus de Turín. Y seguramente Desailly lo disfrutó bastante.

## TIROS LIBRES EN LA PREVIA

Juventus reconocía el Millenium de Cardiff un día antes de la final de 2017, y de manera insospechada se abrió un duelo de tiros libres entre el brasileño Dani Alves, uno de los tiradores de falta por excelencia de la escuadra transalpina, y el venezolano Tomás Rincón, quien había sido el primero de su país en jugar un partido de semifinal, pero que no se destacaba precisamente por cobrar estos lanzamientos.

Todo el plantel veía el espectáculo y de manera sorprendente, Rincón las incrustaba todas en el ángulo. El golero, Neto, suplente de la entidad, era el encargado de atajar, pero no encontraba la manera de defenderse ante los disparos de los dos futbolistas. Alves, viendo que su reinado estaba en peligro, le hizo señas al golero para que se dejara marcar, aprovechando la cercanía natural por la nacionalidad y así fue que en los remates finales, el portero se dejó marcar para que triunfara su compatriota por 7-6. Dani había ganado en el divertimento, pero el venezolano había dado un mensaje de su buen momento. Sin embargo, un día después, Allegri, timonel de la Vecchia Signora, puso al amazónico como una de sus figuras, quien no pudo inquietar por medio de la pelota quieta, y no convocó a última hora al motivado Rincón. Juventus perdió 4-1 el partido.

## LA PREDICCIÓN MÁS SUBLIME

"Vas a marcar un gol", le dijo un confiado Cristiano Ronaldo al brasileño Casemiro en las vísperas de la final de la Liga de Campeones de 2017. Todos esperaban que el atacante luso marcara la diferencia contra Juventus, pero pocos imaginaban que el paulista iba a ser uno de los argumentos ofensivos del Real Madrid.

El primer tiempo finalizó con marcador de 1-1. Como auguraban las encuestas, Cristiano Ronaldo había abierto el marcador, pero Mandzukic igualó tras un espléndido remate de chilena. Sin embargo, en el segundo tiempo, Casemiro hizo realidad la predicción de su compañero en el club merengue. Un riflazo desde fuera del área se incrustó en la red de Buffon y puso el 2-1 épico. El más inesperado anotaba en el cotejo más importante del certamen.

"Si tienes oportunidad, patea desde fuera del área, porque chutas bien y vas a marcar hoy un gol", fueron las palabras del luso, según reveló Casemiro tras un compromiso que finalizó con marcador de 4-1 y con la duodécima Copa para el Madrid.

## EL CLUB DE LOS REFUGIADOS

Rashad Sadigov y Gara Gariyev tuvieron que superar todo tipo de adversidades para poder hacer historia en el fútbol europeo. Los dos futbolistas arribaron al Qarabag, tras superar los suplicios de ser refugiados azeríes, para vivir la etapa más gloriosa de la entidad.

Los jugadores sobrevivieron a la guerra que hizo añicos a la región de Nagorno Karabaj (o Alto Karabaj), en el sureste

del Cáucaso (desde 1988 hasta 1994), para incorporarse al Qarabag, un equipo golpeado por el conflicto y que incluso llegó a perder su estadio. El club pudo resurgir desde las cenizas para colarse en la élite, llegando incluso a disputar la fase de grupos de la Liga de Campeones de 2017.

El "club de los refugiados" hizo historia en la competición sacando su primer punto contra el Atlético de Madrid ante su afición en el Olímpico de Bakú (0-0).

## LOS LANZAMIENTOS DE PJANIC

El bosnio Miralem Pjanic entró en la historia de la competición al ser el primer jugador, bajo el formato Champions League, en anotar con tres equipos distintos con lanzamiento de falta directa, superando a Wesley Sneijder y Cristiano Ronaldo. Lyon, Roma y Juventus, sus tres oncenas.

En septiembre de 2009, jugó con la camiseta del Lyon ante el Debreceni en Rumania, haciendo un tanto a Vukasin Poleksic en un partido que finalizaría con una holgada victoria por 4-0 en una campaña inolvidable para el conjunto galo.

Con la Roma se estrenó en el empate a cuatro tantos frente al Bayer Leverkusen en la edición 2015-16 y con la Juventus hizo lo propio ante Sporting de Lisboa en el 2017. Pjanic se consolidaba como el mejor cobrador de tiros libres directos del mundo.

## LOS NÚMEROS DE ZIDANE

Zinedine Zidane, una gloria del madridismo como jugador, se preparaba como entrenador en el Castilla mientras esperaba una oportunidad idónea para mostrarse como estratega. El francés ya había colaborado desde la raya como ayudante de Carlos Ancelotti temporadas atrás, cuando el club merengue había obtenida la décima, pero no había dirigido en la élite como jefe de grupo.

Pero su oportunidad no tardó en llegar. El estratega asumió la dirección técnica del Real Madrid en enero de 2016, cuando llegó como sustituto de Rafa Benítez, y vaya que cumplió con creces. El timonel guio a los suyos a la final continental y los de Concha Espina superaron por penales al Atlético de Madrid, obteniendo el cetro en su debut en el cargo. Pero ahí no acabó la hazaña. Un año más tarde, Real Madrid pudo defender el título al imponerse a Juventus por 4-1 en la final, lo que convertía a Zidane en el primer estratega en ganar la Champions dos veces consecutivas bajo el nuevo formato, sumado a la ventaja de titularse en su debut. En 512, Zidane había conquistado dos veces el torneo.

Pero ahí no quedó todo. En la siguiente temporada, Real Madrid volvió a colarse a la final con Zinedine Zidane en el banquillo. El resultado es conocido: Real Madrid levantó su tercera Champions consecutiva tras vencer 3-1 a Liverpool y se consolidó como uno de los mejores equipos de todos los tiempos. En 878 días, el francés se mitificaba. Dos temporadas y medias bastaron para ser considerado entre los mejores entrenadores de la historia.

## EL AMAÑO DE CAMPEONES

El KF Skënderbeu, el equipo más laureado de Albania parecía haber ganado su derecho a participar en la fase previa de la Champions League de 2018 tras haber triunfado en el torneo local, sin embargo, un informe de la UEFA evitó que el equipo se incorporara al torneo luego de develar que el equipo se encontraba envuelto en el amaño de partidos. "Este club ha estado amañando partidos de fútbol como nadie lo había hecho antes en la historia del fútbol", redactó el comité disciplinario.

La consecuencia fue bastante costosa: el equipo quedó suspendido por una década de las competiciones europeas y quedó obligado a pagar una multa de un millón de euros, siendo así la sanción más dura impuesta por la UEFA en

su historia. Ante esto, la queja no se hizo esperar. Ardian Takaj, dueño de un hotel y directivo de la entidad mostró su molestia: "No creo que la UEFA se atreva a tomar tal medida contra un equipo occidental sobre la base de las dudas que surgen de los movimientos de las calificaciones", aseguró.

Lo cierto es que ante la mayor sanción en la historia de la Champions, Kukesi fue el principal favorecido al tomar el rol del KF Skënderbeu. De igual forma, el equipo no trascendió en la competencia internacional.

## ELOGIOS MÍTICOS

Los astros del deporte arrojaron un veredicto de altos ribetes: Real Madrid y Juventus se encontrarían frente a frente en los cuartos de final de la edición 2017-18. Semejante duelo de titanes dejó una rúbrica estupenda, luego que Cristiano Ronaldo se elevara en los cielos y estampara un acrobático remate de chilena único que se coló en el arco de la Juventus para un 0-3 inolvidable para el madridismo. Lo cierto es que el cancerbero que recibió el tanto fue el mítico Gianluigi Buffon, uno de los mejores porteros de la historia y santo y seña de la Vecchia Signora.

Luego que el balón se incrustara en la valla, el golero quedó absorto. "Tras unos 25 segundos de normal frustración por el gol recibido pensé en lo que me había hecho, algo realmente bonito. Le pregunté 'Cristiano, ¿cuántos años tienes?' Y me dijo 'no está mal para uno de 33 años, ¿no? Al final reímos los dos", recordó años más tarde.

El remate del luso entró en los anales históricos de la competición, de hecho, el público italiano empezó a aplaudir la gesta. "Tengo que agradecer a los aficionados de la Juventus. Lo que hicieron fue fantástico y nunca había vivido algo así en toda mi carrera. Es el mejor gol que he anotado", sentenció el portugués tras el compromiso.

Lo cierto es que CR7 se elevó a 1,41 metros del suelo e impactó el disparo a una altura de 2,38 metros, para vencer al soberbio cancerbero transalpino. Por su parte, Buffon, anonadado, no escatimó elogios para Cristiano Ronaldo, con quien trasciende una gran amistad. El portero italiano guió a los suyos en la vuelta, en la que a punto estuvo Juventus de dar vuelta a la eliminatoria. Con el 0-3 para los trasalpinos, el juez pitó un penal que terminó convirtiendo el propio Ronaldo para apear a Buffon y sus compañeros. Tras el compromiso trascendió un afectuoso abrazo entre ambas leyendas.

## KLOPP Y LOS CALZONCILLOS DE CR7

En 2018, Real Madrid y Liverpool se encontraron en la final de la Champions League, y para bajar los decibeles de tensión antes del partido, JürgenKlopp, entrenador del conjunto inglés, reveló unos interiores de la marca de Cristiano Ronaldo que tenía puesto. "Hace algunos años, cuando estaba comprando, adquirí los de esa marca. Todavía los tengo, pero no los he usado desde la final", confesaría el entrenador tiempo después.

"Hizo la reunión con su camisa metida dentro de los boxers CR7. Todo el vestuario estaba riéndose a carcajadas, por los suelos. Eso realmente rompió el hielo. Por lo general, en situaciones así, todos estamos serios y concentrados. Pero estaba relajado e hizo esta broma", comentaría tiempo Goergino Wijnaldum, futbolista de Liverpool.

Lo cierto es que la estratagema no dio resultados. Real Madrid derrotó 3-1 a Liverpool en una jornada recordada por los errores del portero Loris Karius y Klopp no podría bromear con el tema tras el partido. Lo cierto es que tras la jornada funesta en la que se reflejaron los históricos erro-

res del portero Loris Karius, el DT repotenciaría a la entidad para armar un equipo de época.

## ¿BRUJERÍA DE CAMPEÓN?

El eterno debate de la suerte de campeón tomó partido definitivo por Real Madrid en la Champions League de 2018. En dicha temporada, el conjunto merengue sorteó obstáculos impensables para consagrarse campeón del viejo continente, en el que sería una de las ediciones más polémicas de todos los tiempos.

Tras pasar segundo de la llave en detrimento del Tottenham, Real Madrid se impuso en octavos de final al Paris Saint Germain, a Juventus en cuartos de final, a Bayern Múnich en semifinales y a Liverpool en la finalísima de Kiev. Lo cierto es que, en el camino, hubo muchas decisiones arbitrales discutidas que pudieron cambiar la definición del torneo – como una mano de Sergio Ramos contra los parisinos o una de Marcelo contra los bávaros – y todas las estrellas rivales no disputaron la vuelta. Neymar se lesionó para el PSG, Dybala estuvo suspendido para la Vecchia Signora y Robben también acusó una lesión para el equipo muniqués. Por si no fuese suficiente, cuando el duelo estaba muy disputado en la semis, Sven Ulreich, portero del Bayern, no supo salir de un balón controlable y perdió en forma de "blopper" la esférica que le dio a Benzemá un tanto a la postre decisivo para llegar a la final.

En el cotejo definitivo, Mohamed Salah, figura del Liverpool salió lesionado a los pocos minutos tras un forcejeo con Sergio Ramos y Loris Karius, quien también tuvo un desencuentro con el defensor del Real Madrid, tuvo la peor noche de su vida deportiva. El golero entregó prácticamente un balón a los botines de Benzemá para que abriese el marcador y no pudo desviar un remate de Gareth Bale en los últimos minutos del compromiso. La traumática noche de Karius dejó secuelas grandes. "Aún se ríen de mi actuación. A algunas personas les gusta recordarme todo el tiempo los errores. No entienden o no quieren creer que todo fue producto de una lesión en la cabeza" afirmó Karius en una entrevista para Transfermarket. El dictamen tenía sentido, pues profesionales del Hospital General de Masschusetts y Hospital de Rehabilitación Spaulding hicieron exámenes físicos al golero y concluyeron que el alemán había sufrido una conmoción cerebral en el codazo previo de Ramos.

Por su parte, al ver todas las circunstancias que se unieron para que Real Madrid levantase la Orejona, Xavi Hernández, en ese entonces ex futbolista del FC Barcelona señaló en una entrevista que el triunfo del conjunto merengue en dicha edición no era lo habitual. "El Real Madrid tiene todo de cara: jugadores lesionados como Neymar, Robben, Boateng, los árbitros, el jugador más importante del Liverpool que se lesiona, los porteros del Bayern y Liverpool que la lían. Parece cosa de brujas", llegó a decir Xavi para finalizar.

## LESIÓN INESPERADA

Alexis Sánchez había mostrado su talento con Arsenal y Barcelona, pero en el Manchester United, distintas lesiones y situaciones dentro de la cancha habían impedido su mejor desempeño. Pese a todo, cuando Manchester United enfrentó al Paris Saint Germain en los octavos de final de la Champions de 2018-19, Ole Gunnar Solskjaer, entrenador de los "Diablos Rojos" le hizo ingresar, pero cuando estuvo a punto de entrar, sucedió algo inesperado: en el calentamiento previo no vio al juez de línea que corría por ese sector e impactó con él, generándole un gran dolor.

Lo cierto es que Sánchez terminó ingresando por Lingaard y su rendimiento fue altamente criticado. En una entrevista concedida al equipo, Sánchez recordó la anécdota y aseguró que el golpe no excusaba su mal partido. "Lingaard estaba mal y yo ahora todo mal. No puede ser", aseguró que pensó tras el incidente. De igual forma, el conjunto

inglés superó la llave contra los franceses y se clasificó a los cuartos de final.

## EL DOCUMENTAL DEL AJAX

Los octavos de final de la edición 2018-19 entregaron una eliminatoria de vértigo entre Real Madrid – vigente campeón – y Ajax de Ámsterdam – un histórico de la Champions-. Con el 1-2 a favor del conjunto español, Sergio Ramos forzó una tarjeta amarilla para evitar correr riesgos en la vuelta a realizarse en el Santiago Bernabéu y quedar limpio para los cuartos de final. Ante este panorama, el zaguero sevillano decidió aprovechar el partido en la capital española para disfrutar de su palco mientras una empresa le grababa durante el compromiso para un documental de la vida sobre el futbolista.

Lo cierto es que la jornada se transformó en pesadilla y el Ajax comenzó a anotar goles desde muy temprano. El tajante 1-4 dejó eliminado al club "merengue" y dio paso al joven equipo tulipán. Las cámaras captaron el momento en el que, tras encajar el segundo tanto del Ajax, Ramos espetó un anonadado: "No me jodas, esto es increíble", que captaron las cámaras. Por supuesto las bromas no tardaron en aparecer, tampoco los elogios para el equipo holandés que posteriormente también eliminó a Juventus y estuvo a segundos de clasificarse a la final del certamen. Lo mejor del documental sería el fútbol de vértigo practicado por el equipo del norte de Europa dirigido por Erik Ten Hag. El buen juego de De Ligt, Frenkie De Jong, Dusan Tadic, Hakim Ziyech y compañía supondría un duro varapalo al rey de Europa.

## REGALO INESPERADO

Cuando los cuartos de final de la edición de 2018-19 reunieron a Barcelona y Manchester United, las expectativas eran muy altas. Los ingleses acababan de superar una controvertida llave contra el Paris Saint Germain, pero los catalanes atravesaban un momento muy dulce. En el partido, se encontrarían dos viejos amigos y compañeros de la selección argentina: Lionel Messi, referencia del FC Barcelona, y Marco Rojo, futbolista del Manchester United que no estaba convocado para la ocasión.

Antes del partido, mientras los futbolistas entrenaban de cara al partido a disputarse en Old Trafford, los futbolistas se saludaron tras elogios de los "Red Devils" al poderoso futbolista de la Ciudad Condal. "Estaba con un par de compañeros al costado del campo de juego durante el calentamiento. Yo no jugaba. Me preguntaban todo de Messi, ́mirá cómo le pega, mirá cómo la para'. Estaba haciendo todo con zurda. Entonces le grité y le dije ́Leo, hacé algo con la derecha'. Se acercó y me saludó".

En el partido, Messi respondió con contundencia a la solicitud de su compañero en el combinado nacional, luego que un remate suyo con el pie derecho se colara en la portería inglesa y abriera el camino a las semifinales. "En el partido se dio que hizo un gol de derecha que se le escapó a De Gea por abajo. En la platea pensé ́mirá qué hijo de mil, la metió con la derecha'. Me fui al túnel en el entretiempo, me da su camiseta y me dice ́tomá, esta es la que hice con el gol que me pediste", sentenció con humor el rosarino.

El partido significó el primer triunfo del Barcelona en Old Trafford, la clasificación culé a semifinales y un regalo poco memorable para el conocido Marco Rojo.


## SISSOKO NO ESPERÓ AL VAR

La temporada 2018-19 fue la primera en utilizar a la tecnología para dirimir jugadas polémicas, y por supuesto el VAR sería protagonista en distintas noches europeas. En los cuartos de final, Manchester City y Tottenham Hotspur se encontraron en una eliminatoria de muchísimo vértigo y

la polémica no pudo faltar. En Londres, Tottenham Hostpur se impuso 1-0 gracias a un gol de Son Heung en una jornada en el que Hugo Lloris, portero de los "Spurs" atajó un penal. En el partido de vuelta disputado en Manchester, el partido tuvo un cierre dramático. El futbolista francés del Tottenham, Moussa Sissoko salió lesionado y vio como la situación se complicaba, pues con el 4-3 a favor de los "citizens", su equipo quedaba al borde de la cornisa, pues en caso de recibir un tanto más, el equip quedaba eliminado.

En el último minuto, Sergio "Kun" Agüero marcó un gol que desató la algarabía en el Etihad Stadium. El juez detuvo el festejo para revisarla al considerar que había un fuera de juego milimétrico, pero Sissoko, creyendo que se había acabado el sueño, se marchó a los vestuarios desconsolado. Lo cierto es que el principal terminó anulando el tanto y convalidando la primera clasificación a semifinales de los "Spurs" en su historia. "Estaba en el banquillo, vi el gol del 5 a 3 y estaba pensando en mi lesión, así que me fui directamente al vestuario. Estaba solo, nadie me había acompañado, ninguna pantalla de televisión estaba encendida, y en mi cabeza ya estábamos eliminados. En ese momento, uno de los miembros del cuerpo técnico entró al vestuario, y me dijo: ´¡Increíble lo que hemos hecho!' Yo le respondí: ´¿Cómo lo que hemos hecho?' En ese momento, me dijo que el gol había sido anulado. Entonces, me puso una camiseta, olvidé mi lesión y corrí a unirme a mis compañeros para no perderme la celebración de un momento tan histórico. Fue algo muy emocionante", comentaría el internacional francés. Tottenham alcanzaría la finalísima en Madrid.

## EL AYUNO DE POCHETTINO

Sobre el sensacional transitar de Tottenham en la campaña 2018-19 existen muchas historias y epopeyas, sin embargo, si existe alguna muy curiosa es la del ayuno de Mauricio Pochettino, entrenador del conjunto inglés en la celebrada campaña. Tras superar una polémica serie contra Manchester City en cuartos de final, el timonel guardó ayuno hasta terminar las semifinales contra Ajax en forma de cábala, lo cual le trajo mucha suerte.

"Después de pasar al City, que fue un partido increíble en el que el VAR nos salvó en el último minuto, dije 'voy a hacer un ayuno hasta la serie con el Ajax'. Así que solo me alimenté de líquidos, agua, jugos, sopas... Una vez que clasificamos a la final ahí sí volví a la normalidad. Hasta me vieron festejando con una cerveza en la mano, ja", recordó tiempo más tarde.

Sin embargo, cuando la alimentación volvió a la normalidad de cara a la final contra Liverpool, la fortuna no volvió a ser la misma. Sin la dieta requerida, Tottenham fue superado en la final de Madrid por el Liverpool de Jürgen Klopp. Nadie supo que hubiese pasado si regresaba a su particular alimentación.

## LOS DETALLES GANAN CAMPEONATOS

La semifinal entre Barcelona y Liverpool mostraba la fiereza de dos de los equipos más poderosos de Europa. El favorito para la final de la edición 2018-19 saldría del duelo entre dos históricos de la competición y por supuesto los detalles marcarían la diferencia. En la ida disputada en el Camp Nou de la Ciudad Condal, el club blaugrana mostró todo su portento, y pese a que los "Reds" gozaron de oportunidades para anotar, el partido se saldó con un lapidario 3-0 que dejaba todo servido para la vuelta en Anfield Road en el que Messi se llevó todos los flashes al anotar un golazo inolvidable de tiro libre.

Para el duelo de vuelta, Liverpool no podría contar con Mohamed Salah, una de sus rutilantes futbolistas, y apelaría al joven Divock Origi para sustituirlo. Esperando la remontada épica bajo el aura de Anfield Road, el flamante entrenador Jürgen Klopp estudió todos los detalles y aupó

a los suyos para que creyesen en la remontada. Entre estas nimiedades, se encargó de que los recogepelotas estuviesen enfocados y con ciertas directrices.

Klopp reparó en que cuando Barcelona estaba bajo presión, a menudo sus futbolistas se despistaban ante cualquier tiro de esquina o falta en contra que pudiese ser perjudicial, y que regresaban lentamente a sus puestos. El detalle visto por el cuerpo técnico fue fundamental y por esto Carl Lancaster, uno de los responsables de la cantera, preparó a los niños para que entregaran velozmente la esférica y reanudaran el partido lo antes posible.

En el partido, Liverpool inició la remontada. Un gol de Origi y dos de Wijnaldum empataron la eliminatoria y en los minutos finales, con el 3-0 del Liverpool, la prórroga asomaba. Sin embargo, a 11 minutos para que finalizara el tiempo reglamentario, un córner obró la épica remontada. El pequeño Oakley Cannonier entregó rápidamente el balón al ejecutante Trent Alexander-Arnold y éste dio un pase que Origi transformó en el 4-0 histórico, mientras el equipo catalán apenas se acomodaba. Solo pasaron nueve segundos entre que el balón salió y Cannonier dio la esférica para el fugaz y decisivo centro del lateral del Liverpool. Tras la hazaña, Cannonier, de solo 14 años de edad, enrolado en las categorías inferiores de la entidad, entró en los libros de historia "Reds" sin disputar un minuto. Por su parte, Origi, héroe inesperado de cara al arco, anotaría en la final contra Tottenham también para un 2-0 definitivo que daría otra Champions a los suyos. El detalle de confiar en los recogepelotas y de apostar por el delantero belga fueron definitivos para alzar el trofeo. Klopp impartía su sello propio al equipo.

## LA NEUTRALIDAD DE MATEU LAHOZ

Pocos personajes son tan carismáticos como Mateu Lahoz, uno de los árbitros más conocidos del fútbol español. Con una gran experiencia en Champions League, el juez fue invitado por los organizadores para ayudar a los árbitros de la final 2018-19, y radicado en un hotel madrileño, se preparó para la histórica jornada entre Liverpool y Tottenham.

Lo cierto es que buscando disfrutar del ambiente, su hijo decidió salir a la ciudad y se acercó a la Fan Zone que se ubicaba más cerca del lugar, la del Tottenham. Mientras tanto, Lahoz bajó al lobby del hotel y se encontró con un puñado de aficionados de Liverpool que, al encontrarse con el afamado juez, le solicitaron fotos. Ante la circunstancia, Lahoz aceptó las mismas con una sola condición: que los ingleses se quitaran la camisa del equipo de forma que cuando las fotos apareciesen en redes sociales, no hubiese mal entendidos, sobre todo al tener en su aval dos juegos pitados a cada una de las escuadras.

Lo cierto es que mientras se hacían las fotos, apareció finalmente el pequeño Lahoz, quien exultante de la experiencia con los aficionados del Tottenham, entonaba canciones de los fieles de los "Spurs" y posaba un "tatuaje" hecho a mano de la entidad. El trabajo de neutralidad del conocido juez quedaba en entredicho para los fanáticos del Liverpool, y ante esto, Lahoz mandaba a su hijo a la habitación.

## DOS EXPULSADOS EN LA MISMA JUGADA

En Stamford Bridge de Londres, Ajax y Chelsea disputaban un partido espectacular de la fase de grupos. Los holandeses daban una cátedra de buen fútbol y el triunfo momentáneo 2-4 en la capital inglesa les acercaba a la siguiente ronda. Era un partido de locos que involucraba autogoles, golazos, vértigo y remontadas. Lo que no sabían es que una jugada increíble condicionaría todo lo que vendría después.

Cuando quedaba poco más de 20 minutos, Daley Blind, intentando frenar un contragolpe, propició una falta pero el árbitro Gianluca Rocchi dejó seguir la jugada y vio como Joel Veltman, el otro central del conjunto tulipán, tocaba el balón con la mano cuando intentaba evitar un remate que se iba a puerta. El principal sentenció penal y acarreó amonestaciones a ambos futbolistas, quienes ya estaban apercibidos, expulsándolos a los dos en fracciones de segundos, algo inaudito, en la misma jugada. Por primera vez, un árbitro daba la ley de la ventaja y terminaba expulsando a los dos defensores del equipo, aplicando tres castigos en la misma jugada. Tras el acontecimiento, Chelsea consiguió empatar el partido e incluso rozó la victoria. Molesto por el devenir del compromiso, Dusan Tadic, atacante del equipo tulipán, fue enfático con la consecuencia de la actuación de Rocchi: "Hay una falta sobre Daley Blind y entonces le sacan la segunda amarilla. Luego la segunda amarilla a Joel Veltman. Nunca en mi vida he visto un triple castigo, nunca ( ) Es una gran decepción. No me gusta poner excusas, no me gusta hablar de otras personas. Deberíamos estar hablando de cómo Ajax jugó mucho mejor que el Chelsea, pero no podemos porque alguien destruyó nuestro juego", sentenció.

## EL RECOGEPELOTAS ESPECIAL

Las expectativas eran altas, pues José Mourinho, uno de los entrenadores más afamados del mundo, acababa de asumir las riendas del Tottenham con un listón muy alto, pues el equipo llegaba tras perder la final de la Champions anterior. Sin embargo, en su estreno continental por la fase de grupo de la competición, el panorama no era el mejor ya que un sorprendente Olympiacos de Grecia amargaba el estreno del luso con una temporal victoria 0-2 a domicilio. La impaciencia inglesa se notaba, pero la reacción llegaría de manera inesperada.

Los goles de Youssef El Arabi y Rubén Semedo habían complicado todo, sin embargo, justo antes del descanso Dele Alli descontó y el equipo cogió un segundo aire. Cuando inició el complemento, un balón que se fue a saque lateral fue tomado por un niño, quien con picardía lo entregó rápido para que se reanudara el compromiso y Harry Kane pudiese empatar un centro de Lucas Moura. Lo cierto es que tras el gol, Mourinho buscó al héroe: se acercó al recogepelotas y le agradeció la viveza con un apretón de mano y un abrazo que todos los espectadores pudieron ver.

La reacción fue precisa, pues Serge Aurier y Harry Kane – por segunda vez en lo personal – marcaron dos goles y Tottenham, tras vencer 4-2 se clasificó a los octavos de final en esta ocasión con el aporte de un pequeño desconocido.

## EL VATICINIO DEL "CHOLO" SIMEONE

Los octavos de final del torneo europeo dejaron un duelo trepidante en 2020 entre Atlético Madrid, poderoso equipo español, y Liverpool, vigente campeón del torneo y por supuesto, favorito para quedarse con la llave. El cronograma establecía que el partido de ida se jugaría en Madrid, mientras que la vuelta, se disputaría en Inglaterra.

Antes que se efectuara el partido, Diego Godín, futbolista del ínter de Milán en ese entonces y con exitoso pasado en el club de la capital española, coincidió en un vuelo con el "Cholo" Simeone, entrenador del conjunto "rojiblanco" y con quien coincidió en su etapa en la ciudad española. Por supuesto, en el avión, salió a relucir el tema del partido. ´Míster, cómo lo ves´, le dije. ´Mira Diego, sé que en el Wanda les ganamos, no sé si 1-0, 2-0 o 2-1, pero les ganamos. El tema va a ser la vuelta. Estoy convencido y los muchachos también creen que en el Wanda les ganamos´", relató Godín.

El partido no estuvo alejado de lo previsto por Diego Simeone. Cuando no se habían cumplido cinco minutos en el Wanda Metropolitano de Madrid, Saúl marcó un gol inolvidable para la afición "colchonera" y puso el 1-0. En un duelo vertiginoso y a su vez de mucha fricción, Atlético logró conservar la ventaja y festejó muchísimo su triunfo por la mínima diferencia, a sabiendas que había conseguido un gran resultado para la vuelta. "He visto caras felices en el Atlético, pero quedan 90 minutos en Anfield", respondió Klopp ante los festejos madrileños.

Lo cierto es que la vuelta en el mítico Anfield Road, Atlético consiguió la hombrada. Pese a que estuvo cerca de quedar eliminado, con un doblete de Marco Llorente y un tanto de Álvaro Morata en la prórroga el conjunto español remontó en el mítico estadio británico y celebró un 2-3 histórico. "Fui un hincha más. Cuando se logró en Anfield yo estaba loco de la vida, te puedes imaginar. El Atlético viene de un año complicado. Están teniendo bastantes altibajos en LaLiga y también por lo que pasó en Copa del Rey, por eso esto ha sido un subidón anímico. Además en su campo y cómo se dio. Ahora me toca estar del lado del hincha y se vive y se disfruta de la mejor manera. Yo estaba convencido de que se iba a ganar", recordó el uruguayo Godín.

Tras el partido, Klopp mostró su enojo y a su vez elogió a los de Simeone. "No entiendo cómo el Atlético opta por este tipo de juego con los futbolistas que tiene. Cuando veo a jugadores como Koke, Saúl o Llorente... pueden jugar un fútbol diferente y no estar en su propio campo jugando al contragolpe ( ) Felicidades a ellos, yo no me siento bien esta noche. Soy un mal perdedor. Ellos han estado brillantes, tenemos que aceptar que hemos concedido tres goles. El Atlético es justo vencedor".

## DOS CAMISETAS

En los octavos de final de la edición 2019-20, el sorprendente Red Bull Leipzig se encontró con Tottenham, equipo al que derrotó 0-1 en el partido de ida disputado en Londres. El conjunto alemán abrió así la puerta de la clasificación de un equipo que terminó colándose hasta la semifinal del torneo tras eliminar a los londinenses y al Atlético Madrid antes de sucumbir contra el Paris Saint Germain. La campaña estupenda del equipo dirigido por Julian Nagelsmann tuvo distintas notas de color, entre ellas, un hecho inesperado que ocurrió en el partido efectuado en la capital de Inglaterra: tres futbolistas saltaron al terreno de juego con una camiseta distinta a la utilizada por sus compañeros.

En la primera parte del partido, Christopher Nkunku, Lukas Klostermann y Timo Werner saltaron al campo con una camiseta diferente a la de sus compañeros. Los tres jugadores usaron la publicidad en blanco, a diferencia de los compañeros que se vistieron con el logo de la empresa que tiene a los toros rojos con el círculo amarillo de fondo.

El suceso se dio debido a que las camisetas llegaron mezcladas en el autobús, sin poder tener la de los tres jugadores. Pese a todo, en medio tiempo, efectivos de la entidad solventaron y regresaron al hotel para recuperar las casacas restantes, solventando el contratiempo. Pese a la nota decorativa, no hubo sanción y además el club alemán consolidó su camino a los cuartos de final de la competición.

## LA GOLEADA MÁS DOLOROSA

El 14 de agosto de 2020, Barcelona y Bayern Múnich se encontraron por los cuartos de final de la Champions League en una circunstancia única: por motivos a la pandemia del coronavirus, la eliminatoria se decidiría en 90 minutos ya que no había posibilidad de jugar partidos de ida y vuelta. Por ende, los catalanes estaban ensimismados en una crisis institucional que les había llevado a perder La Liga de forma increíble y a contar con Quique Setién, un entrenador desconocido por muchos y que asumía el banquillo por unos meses en una situación comprometida. Por su parte,

los bávaros se mostraban como una máquina aceitada y lucía favorito.

El partido para escoger a uno de los semifinalistas de la edición 2019-20 no dejó espacio a las dudas: al minuto cuatro anotó Thomas Müller y pese a que un gol en propia meta de David Alaba emparejó las cosas y que Lionel Messi estrelló un balón al poste minutos más tarde, poco a poco empezaron a caer los tantos alemanes como gotas en una tormenta. Para más inri, Philippe Coutinho, jugador propiedad del FC Barcelona cedido al conjunto bávaro, marcó dos tantos al final. 8-2 terminó el partido que significó una goleada histórica contra los blaugranas.

El duelo dio lugar a toda clase de especulaciones y de acontecimientos. Toni Kroos, ex futbolista del Bayern Múnich y en dicho momento jugador del Real Madrid, se mostró irónico en las redes. "No se puede enseñar todo pero uno se puede imaginar que no hubo dolor. Había una que otra celebración maliciosa entre los compañeros", confesó. Además, trascendió que tras el partido, Alphonso Davies, lateral izquierdo canadiense del conjunto alemán que había sido una de las sensaciones del partido, relató su experiencia con un Messi ofuscado. "Sí, le pedí la playera a Leo Messi pero creo que estaba un poco molesto, ojalá se pueda la siguiente vez", relató. Por otra parte, las redes sociales del conjunto alemán pusieron una foto del camerino con la camiseta de Manuel Neuer y a su lado, la casaca de Javi Martínez, cuyo dorsal es el "8". La goleada daba para muchos tópicos.

## LA REVANCHA POÉTICA

El francés Kingsley Coman rompió un récord al ser el jugador más joven en debutar con el primer equipo del Paris Saint Germain. El atacante ingresó a los 16 años, ocho meses y cuatro días en un partido contra Sochaux por el torneo local durante el periodo de Carlo Ancelotti, pero poco tiempo después cambiaría de aires al ver que tenía poco espacio en una entidad en la que jugaban Zlatan Ibrahimovic, Lucas Moura, Ezequiel Lavezzi y Edinson Cavani, entre otros.

Años más tarde, el agente del futbolista François Gil, relató que Coman pidió su salida de la entidad ante los pocos minutos disputados. "Nunca jugaré en París. Hay muchas estrellas y siempre estaré después de las estrellas". El club parisino había entrado en la élite europea con la llegada del empresario Nasser Al-Khelaïfi, quien desembolsó más de 1000 millones de euros para armar un equipo competitivo en el que Coman no tenía espacio, por lo que saldría a la Juventus y posteriormente al Bayern Múnich.

La revancha perfecta llegó el 23 de agosto de 2020. En dicha jornada, Paris Saint Germain, con Kylian Mbappé, Ángel Di María y Neymar Júnior como principales abanderados en el equipo de las fortunas, enfrentó al Bayern Múnich en la final de la Champions disputada en Lisboa. Pese a que muchos no lo esperaban, para los alemanes Coman jugó desde el minuto inicial, encontrándose contra su ex equipo.

La historia es conocida. En el inicio de la segunda parte, un centro de Joshua Kimmich fue cabeceado con potencia y a la red por Coman y se tradujo en el único gol del partido. Coman lo festejó con fervor, pues el tanto le daba el sexto título al Bayern Múnich y apeaba al Paris Saint Germain en su primera final de la competición. Muchos entendieron la ironía del torneo: los franceses, después de desembolsar millones de dólares, habían dejado salir al joven Coman, quien a la postre sería su verdugo con la camiseta del club más poderoso de Alemania.

## PODIO DE 2010-20

| Edición | Campeón | Subcampeón | Resultado final | Sede |
| --- | --- | --- | --- | --- |
| 2009-10 | Internazionale | Bayern Múnich | 2-0 | Madrid |
| 2010-11 | Barcelona | Manchester United | 3-1 | Londres |
| 2011-12 | Chelsea | Bayern Múnich | 1-1 (4-3 penales) | Múnich |
| 2012-13 | Bayern Múnich | Borussia Dortmund | 2-1 | Londres |
| 2013-14 | Real Madrid | Atlético de Madrid | 1-1 (4-1 prórroga) | Lisboa |
| 2014-15 | Barcelona | Juventus | 3-1 | Berlín |
| 2015-16 | Real Madrid | Atlético de Madrid | 1-1 (5-3 penales) | Milán |
| 2016-17 | Real Madrid | Juventus | 4-1 | Cardiff |
| 2017-18 | Real Madrid | Liverpool | 3-1 | Kiev |
| 2018-19 | Liverpool | Tottenham | 2-0 | Madrid |
| 2019-20 | Bayern Múnich | Paris Saint Germain | 1-0 | Lisboa |

# AGRADECIMIENTOS

A Eduardo Barraza, Mauro Medvetkin, Leonardo Carpio, Eduardo Ascanio, Grupo Futve y Marco Martire, Luis Carreras y Mariano Bombarda, quienes a lo largo de los escritos me brindaron anécdotas y me orientaron para hacer de este libro una realidad tangible.

A mi familia, por acompañarme en todo momento.

Al fútbol, por supuesto.

# Bibliografía

Este libro no hubiese sido una realidad sin el aporte de numerosos documentos, libros, artículos o revistas, que coloco a continuación.

## LIBROS

"Johan Cruyff, la autobiografía", Johan Cruyff.

"Yo soy el Diego", Diego Maradona.

"Brilliant Orange: the neurotic genius of dutch soccer", David Winner.

"Noches Europeas", Miguel Lourenço Pereira y João Nuno Coelho.

## ROTATIVOS

L'Equipe
UEFA.Com
Marca
Diario AS
Cihefe.es
Sport
Mundo Deportivo
El Nacional
Sky Sports

TyC Sports

## ARTÍCULOS ESPECÍFICOS

El Enganche.com: "La lata que cambió un trozo de historia", Andrés Cabrera Quintero.

Kaizer Magazine.com: "La lata que cambió la historia del fútbol", Antonio Mtz-Fresneda.

Kaizer Magazine.com: "Benfica-Celtic, cuando la última moneda voló sobre Da Luz", Miguel Pereira.

Vice Sports: "Alcohol, traición y fútbol: la historia del 'Special One' original", Hèctor Castells.

Underground football: "Dino Viola, Vautrot y la final del 84", Nacho Pérez.

Offsidefest.com: "Entrevista a Carl Pontus Hjorthén, director de 'The last proletarians of football'".

Ecos del Balón: "No hay imperio eterno", Abel Rojas.

Ecos del Balón: "El diablo que no se nombra", Abel Rojas.

ABC: "15 anécdotas para 15 finales", Jorge Sanz Casillas.

Esto es Anfield: "Fog Game", Jorge Olmos.

El Gráfico, "El PSV campeón de Europa", Pedro Molina.

Diario AS, "Atenas'94, el día que Cruyff no fue profeta en el Barcelona", Juan Jiménez.

Bessocer.com: "El jugador al que fichó Wenger por darles una patada a Henry, Bergkamp ¡y a él mismo!", Carlos Torregrosa.

Eurosport.fr: "Les 10 anecdotes que vous ignoriez sûrement sur la victoire de l'OM en 1993".

Linternaute.fr. "18 anecdotes sur la Ligue des champions".

## PROGRAMAS DE TELEVISIÓN

Informe Robinson.
El Chiringuito.
Vamos a la Caye.

# Sobre el autor

Agustín Rodríguez Weil Nació el 9 de febrero de 1987 en Caracas, Venezuela. Es Licenciado en Comunicación Social, egresado de la Universidad Monteávila y posee el MBA en Dirección de Entidades Deportivas "Alfredo Di Stéfano" de la Escuela Universitaria del Real Madrid.

Se desempeñó como Jefe de Prensa del Deportivo Italia, Atlético Venezuela, Real Esppor y Deportivo La Guaira en Venezuela. Colaboró en el programa radial del Club Atlético Platense de Argentina y trabajó con numerosos medios locales e internacionales como Sphera Sports, Bitbol, Simplemente Fútbol y Planetavinotinto.

Ha incursionado en el área de gestión deportiva como Gerente de Deportes de la Alcaldía El Hatillo y Coordinador de Relaciones Públicas de Mapping Sports. Publicó otros libros de fútbol como *Memorias de Nuestro Balompié - Historias del fútbol venezolano (1967-2011)*, *La otra cara del Balón* y *Casemiro: Hércules en la Casa Blanca*.